スペインとスペイン人

スペインとスペイン人

〈スペイン神話〉の解体

フアン・ゴイティソロ
本田誠二訳

水声社

スペインとスペイン人

◉目次◉

凡例

一、訳文中の（　）は、原語ないしは訳語を指し示すために訳者が付加したもの以外は、原則として原文通りである。
二、訳文中の〔　〕は、訳者による補註である。
三、原文にある原註は漢数字により、また訳註はアラビア数字で表記し、各章ごとにまとめた。
四、原文中の強調表現（イタリック体、引用符）およびラテン語原文は、訳文では傍点、ないしは〈　〉でくくって表記した。

序文

もしツヴェタン・トドロフがよく知られた彼のエッセー（一）の中で述べたことが有効だと認めるならば、フランス人は他者なるものを受け入れる二つの方法を想定している、ということになる。つまり一つは、フランス人は他者の文化的特性が表象するものがもつ、固有なるものとの差異の程度に従って、個々の習慣を差異化するものがゼロに近づく度合いに応じて他者を受け入れる、というものであり、もう一つはそれとは逆で、フランス的国民性との関連で、最大限の差異がある文化を好んで評価しようとするものである。最初のケースである外国好きという性質は、祖国愛のもつ特色でもあり、自らの状況のうちに、あらゆる文化の模範例を見て、他者のうちにその特殊性を見出したり、それを投影したりする者たちによく見られる態度である。ブルガリア人の著者が発想の原点としているのは、いわゆる〈ヘロドトスの規則〉といわれるものである。それはこのギリシア人歴史家が、ペルシア人と他の民族との付き合い方に関連して述べたことから導きだしたものである。一方、近接したものよりもかけ離れたもののほうをより好んで受け入れる態度というのは、トドロフに言わせると、ホメロスの『イーリアス』に源がある。ホメロスはアビオイ族という民族を「人間のうちで別けても正しい」人々だとしているが[1]、この名称それ自体がいかなる生活様式とも根源的に異質であることを表象している。この第二のケースの他者の受容方法こそ、あらゆる表現をとるエキゾティズムの背景に横たわっている。

こうした類型学の生みの親は、あたかもいかなる問題もそこに孕まないかのごとく、かかる類型を可能にするものを当然のものとして受け入れている。つまり、このように間接的に描かれた主体、つまり己の眼差しによって〈他者〉が造られる、そうした寡黙な〈自己〉の中において、自らの本質的な特徴に関して、安定的なアイデンティティか、さもなくば、容易な同一化が可能だと措定していることである。そうしたことが可能となるのは、かかる主体が自らの本質を問題視したり、無効にしかねない危険な他者と向き合ったとき、いつも身を守ったり、再確認しなければならないような本質だからではなく、自己のアイデンティティの印が、他者の上に及ぼす程度、あるいは及ぼされる程度に従って、検討や再評価、様々な微調整に付される歴史的実体だからである。言い方を変えるとフランス人は、常に自らをフランス人として認識しているが、それはその一人ひとりがあれこれあるフランス人的特徴を強調したり緩和したりする度合いに応じて、独自のやり方で、自らをフランス人だと認め、かかるアイデンティティを個人的に調整している、ということである。それはまさしく柔軟な〈フランス性〉——その特徴をフランス人がみな一様に共有しているわけではないとはいえ——が存在しているからこそ、フランス人が歴史の主体となっているのであり、フランス人が〈他者〉という存在を、その遠近、親疎、善悪の物差しにかけて規定しうる理由である。それはそれとして、不可避的な訂正をほどこせば、フランス文化と大いに異なった中国文化とか、さほど隔たりのないイギリス文化のような異なる文化における、アイデンティティの関連物を打ち建てるという点で、これに類した考察がなされるだろう。

スペインのケースはトドロフが述べたものよりもずっと複雑である。ここで強調しておきたい視点からすると、それはフランスのそれとは正反対である。〈スペイン性〉というものは、スペイン人の大多数が自らをかくあると認識するような関連物とは程遠い、論議や異説といったものを受け入れる余地のある、問題性を孕んだ実体である。そしてそれは一再ならず判断や再検討に付されてきた。しかし一見するとそう見えるかもしれないが、実は自己批判に対するより大きな適性の結果などではなく、逆説的だが、スペイン人のアイデンティティに関する定義自体の、またその成り立ちにおける極端なまでの硬直性の結果なのである。カトリック両王が王国にカトリック的で国粋的なドグマを課し、その狭く厳格な中身に合致しないような思想の萌芽を根こそぎにし始めた時点[2]から今日まで、ほぼ五世紀にわたって、〈九八年の世代〉の人々におなじみの言葉を使うとすると、スペイン人の〈生〉ないしは文化的同一性といったものは、いくつかある歴史的議論の主体としてではなく、挫折と反復に運命付けられた、苦悩に満ちた焦眉の急を要するアイデンティティ探求の目的として成り立ってきた。このことが意味するのは、もしわれわれがトドロフの提案する図式を受け入れるとするならば、スペイン人をスペイン人たらしめているものというのが、自らをあたかも他者のごとく扱おうとする、長く続く執拗なまでの熱望であったということである[3]。そしてスペイン人のアイデンティティの成り立ちが、フランス人のアイデンティティ的模範のケースのような、変化や調整を受け入れるような歴史的枠組みからではなく、はるか昔からの、明確に課せられた本質論的なモデルからスペイン人を遠ざけたり、近づけたりするものに対する、強迫的で細部にこだわる測定や査定にあったということである。スペイン人は長い間、ひとつのイデオロギーの目的ではあっても、歴史の主体ではなかった。

〈ヘロドトスの規則〉と〈ホメロスの規則〉という二つの規則は、まさにスペインにおけるスペイン人自身に対して適用しうるものである。つまり彼らは文字通り〈疎外された〉主体のごとく、自分自身を他者のごとく捉えているからである。とはいえ真理にもとらぬように付言せねばならないのは、スペイン人の自身に対するこの種の不思議な関係の歴史において、より優勢だったのは最初の〈ヘロドトスの規則〉のほうであった、という点である。つまり他文化が自文化のもつ正統的な解釈と同類、類似、近接する程度にしたがって、他者に対する対応の仕方を変えたペルシア人のような行動規範に近かったということである。何もそこまで遡らずともより近い例を挙げるなら、スペイン人を正統派と異端派に分けたメネンデス・ペラーヨ[4]から、キリスト教騎士が見せる〈素振りのレトリック〉を真正なるスペイン人の不変の本質にまで持ち上げたガルシーア・モレンテ[5]にいたる間に、『スペインの理念』の中でスペインの健康を取り戻すべく〈瀉血〉を施すべしと説いたガニベーや、スペイン人とローマ人を比較対照したメネンデス・ピダル[6]などを挙げるだけで充分である。それと際立った対照をなすことだが、〈ペルシア人〉によって撤廃されはしたものの、今一度回復することを託された、スペインの文明・文化からまったく疎遠の〈エキゾティズム〉の事例というのは、それ自体が僅少であったと同時に、価値的に見下されたり、嘲笑されたり、隅に追いやられてきたものである。偉大なオリエント学者アシン・パラシオスの著作やアメリコ・カストロ、フランシスコ・マルケス・ビリャヌエバなどの歴史的・文献学的な研究の成果に加えて、こうしたわずかな名簿になんとしても付け加えねばならぬ存在が、それに関連した一連のエッセー的著作をものしたファアン・ゴイティソロである。

モーロ人、ユダヤ人、モリスコ、コンベルソ、ジプシー、キンキ族[7]などといった者たちは、スペイン人の生活様式、文化などあらゆる領域において、言い換えると職種から食生活、言語から文学・芸術にいたる、アメリコ・カストロ流の言い方をすれば〈生の住処〉(morada vital) そのものを構成するすべての部分において、何世紀にもわたって迫害・追放され、非難を蒙って隅に追いやられてきた象徴的な存在である。十五世紀末から十六世紀初頭にかけて、教義やドグマをもって、スペイン性というものを旧キリスト教徒という特定の血統によってのみ性格づけられる一握りの特徴に収斂しようとしたことが災いして、後のスペインの発展にとって忌まわしい結果がもたらされた。スペインや様々な公的スペインによって幾度となく否定されてきた、こうした歴史的真実を再三にわたって想起することこそ、ファアン・ゴイティソロが四十年間にわたってこだわってきたことである。かつてそのことは二十世紀の最も洞察力に富んだ歴史家アメリコ・カストロが、行ってきたことでもあった。彼の著作は信じられないことだが、今日においてすら、祖国において真っ当な校訂版が出ていないありさまである[8]。

ゴイティソロは公式に計画された〈記憶殺し〉(memoricidio) から、そうした別種のスペイン人たちの文化や感性・生き方を救い出さんとする熱意を注ぐことによって、文学作品、とりわけ『ドン・フリアン』[10]以降の作品に深く滋養分を注ぎ込むこともさりながら、スペイン的〈ケース〉の特殊性をめぐる考察に関する、独創的な作品群を生み出すことになったのである。ゴイティソロは『車掌車』(*El furgón de cola*, 1967)(この中で作者はスペイン部族の旧来の偶像を廃棄し、脱神話化せんとする試みを、十九世紀のラーラが残した、はかない航跡の中に定位し、同時代人に逆らったセルヌーダの模範的軌跡を復権させようとした)から『中断された性交・思想』(*Cogitus interruptus*, 1999)[11]の中で収録した論文やエッセーにいたるまで、新聞、雑誌、セミナーや対論の議事録などで散発的に発言した評論を、本の形にすべく収録するという賢明な選択を行った。たとえそうしなかったとしても、何世紀にもわたって、スペイン人と己の歴史と文学との関係を特徴づけてきた、健忘症に対する警告をするという賢明な選択をしたということはまちがいない。そしてかつてビセンテ・リョレンスも同様に行ったように、ホセ・マリーア・ブランコ・ホワイト[9]の模範的な作品と人生を、忘却から救い出さんとしたのである。当然このことによって、ゴイティソロは、彼の小説に対するわれわれの感性を豊かにしてくれたが、同時に、こうしたテクストが元来、生み出そうと目論んでいたある効果を増大させ、拡大させることともなった。その効果とはオクタビオ・パスがサルバドール・エリソンド[10]のジャーナリスティックな書き物について述べたこと、つまり「われわれを窒息させようとする思想的な〈汚染された煙〉（polumo）の中に、酸素爆弾を炸裂させる」という効果と対比することができる。知識人の働きをよりよく言い当てたものとして、これ以上ふさわしいものは考えつかない。

『スペインとスペイン人』という本は、まさにこうした状況の中に位置づけることができる。これは元来ドイツ語で出版されたものだが[四]、ゴイティソロがスペイン史の発展やスペイン人のあり様に関する事柄に関して書き上げた、統一性と専門性に富んだユニークな考察ともいうべき書である。このことだけで古典となる資格を有しているが、古典たりえなかったとしたなら、それは最初のスペイン版が日の目を見るまでに、十年間も待たねばならなかったことによるだろう。ついに一九七九年にスペインで、フアン・ゴイティソロの手になるスペイン人に関するドイツ語の稀覯本がお目見えした。これはそれ以前であれば、独裁者の死〔一九七五年〕にいたるまで、そしてさらにその数年後まで続いた検閲によって、当然のごとく対象とされて発禁処分になっていたにちがいない。検閲のみならず従来からあるスペイン〈蔑視〉のもつ実態や射程について、知悉していたアメリコ・カストロは、いかにも悲痛と揶揄のこもった次のような言葉で、このドイツ語版の出版を称賛している。「彼の本はスペイン問題を初めてヨーロッパの中心に据えるものであり、最初にドイツ語という〈総じて学問的な言語〉によって世に出たことは慶賀すべきことである」[五]。第二版であると同時にスペイン語版の初版となったものを引き受けたのは、本書と同じルーメン社だが、著者はそこに「未来に向けて」と題する補足章を付け加えている。[六]それはスペイン史の最も際立った出来事や変遷を時系列的に論述していくかたちで構想された本書には、どうしても不可欠なものであった。

また『スペインとスペイン人』のもつ重要性というものは、この作品が小説を含む作家ゴイティソロの全作品の中で占める位置づけから来るものでもある。つまりこれはアメリコ・カストロを読んだことでその説を受け入れ、自らの原点とするような、そうした大きな影響をカストロから受けたことが明確に窺える、そうしたゴイティソロ作品の嚆矢ともいうべき著作なのである。こうした視点から見ると、本書は二つの面で入門的な作品だと言うことができるかもしれない。つまり一面としては、ゴイティソロは本書を通して、ホセ・マリーア・ブランコ・ホワイトの英語作品やアメリコ・カストロ自身の著作を掘り起こすことに結びつくような、失われた歴史を取り戻すという厳しい仕事のありようを示している。そしてゴイティソロはスペイン的文学規範をもった彼らの魅力あふれる刷新的な読みを通して、それらがスペインの教壇から否応なく課せられた不毛な授業の傍らで、従順な批評家たちによって喧伝されたせいで教育現場から遠ざけられてきた、ファン・ルイス、セレスティーナ、デリカード〔『アンダルシーア娘ロサーナ』の作者〕、『諧謔作品の詩歌集』（*Cancionero de obras de* burlas)[11]から、サン・フアン・デ・ラ・クルスを経て、ピカレスク小説、『ドン・キホーテ』に至るまでの、もろもろの文学作品の延長線上にあるとしている。もう一つの面としては、本書が彼の『ドン・フリアン』から始まるすべての小説作品を形づくるモチーフともいうべき、ひどく虐げられてきたスペインの他者性に対する解釈といったものへの、最初の接近といった面をうまく凝縮し、まとめているという点である。

したがって、この著作は知識人で作家という、〈双面のユノ〉たるゴイティソロの知的遍歴において岐路となった作品である。しかし同時に、その明晰で清澄なエクリチュールゆえに、一種の劇的なカタルシスをもたらすものともなっている。何はともあれ、馬鹿にできない文学作品と政治的立場の経歴とを背負った、〈人生の半ば〉（ダンテ）の三十五歳の作家の中で、こうした効果に似た何ものかが作品を生むきっかけとなったことだけは、想像するに難くはない。というのも、『スペインとスペイン人』はアメリコ・カストロのテーゼをきっかけになされてきた、この国のさまざまな苦難の歴史に対する批判的見直しであるだけでなく、とりわけ作品の生まれる背景をあぶり出し、それをはっきりと総括するものでもあった。そうした試みは、いかなる作家といえども喫緊に、一度は立ち止まってなさねばならないと感じていることである。たしかに永遠の〈スペイン問題〉は、ゴイティソロのユニークそのものといえる後年の作品に照らして読んでみると、その分析には隠された自己分析といった面が付け加わっており、さらに豊かなものとなっている。ゴイティソロが〈ひそひそ声で〉[12]われわれに語りかけるのは、人はスペインに深く思いをいたさぬかぎり、広がりと深みのある思想も文学も書くこともできなければ、スペイン人であることもできない、ということである。しかしそうすることで、人はどうしてもこの国の見せ掛けの歴史的現実が拠って立っているところの、神話的基層を認知せざるをえなくなる、とも付言している。「フランス人は古代ガリアの住民をフランス人と呼んだりもしなければ、イタリア人もまた、古代のローマ人やエトルリア人をイタリア人とみなしたりはしない。ところがスペインにあっては、サグントやヌマンシアが自分たちの武勲（彼らに言わせると、ナポレオンに対する国民的抵抗の輝かしい先例）であることに疑問の余地はない。それと同様、セネカは〈アンダルシーア人〉であり、マルティアーリスは〈アラゴン人〉である。それはあたかも今日のスペイン人たる横顔が、文明や文化の事実によって作られたものではなく、キリストの誕生に遡ること五百年の昔から、わが国に連綿として住んできた同胞たちに、変わらぬ刻印を押してきた、ずっと昔からある〈本質〉である、とでも言わんばかりである[七]」

カストロは「西洋とは微妙に異なるスペイン」の原因を、八世紀におよぶイスラム教徒、ユダヤ人、キリスト教徒の共存という、同時代のヨーロッパでは考え付かないような比類なき状況によるものとしたが、そうした部分こそ「イスラム教、キリスト教、ユダヤ教の三つ巴的な人間概念の賜物として出来上がった(八)」スペイン独特の文化の、神話ならざる現実の基層であったにもかかわらず、非難と抑圧の対象とされてきたのである。見方を変えれば、スペイン史の悲劇というのは、歴史的現実を否定しようという、もう一つの執拗な働きかけによって生み出されたものとも言える。それが悲劇であるのは、そのことで多くのスペイン人がずっと〈歴史〉の自由な主体としての自己をもちえなかったこと、そして今もなおもちえない、ということにある。スペイン人は自らを実存主義的な寓話の代役にすぎない存在として、何世紀もの間、他者性を拒絶するさまざまな表象――血の純潔、一枚岩的な信条、公的歴史の不謬性、異説の排除――の中で、一血統による他の血統への一元的支配による決着という、唯一の歴史的事件そのものといってもいいような出来事を、強迫観念的に排除せんとしてきた。そうすることで、スペイン人は文字通り、自己自身の死刑執行人となってしまったのである。

人はもし自己の他者性を受け入れることから始めようとしなければ、そしてまた、思想的原型の天空において〈永遠の昔から〉形づくった自己像を傷つけたり、否定するすべてのものを、自らのアイデンティティのしるしから消し去ることで、アイデンティティを確認するものを形づくるようなことをするならば、そうした人間は、自己を知ることがないだけでなく、逃げ口上的で抽象的なアイデンティティという大岩を永遠に持ち上げるシシュフォスとなって、苦しむことを余儀なくされるし、もう一つの別の現実を見ることさえできなくなるように運命づけられてしまうのである。フアン・ゴイティソロが一再ならず指摘してきたのは、スペインが英国やドイツ、フランス、イタリアなどと異なり、偉大な東洋学者、イスラム研究者、アラビア学者を生み出すことがなく、それのみならず、自らの歴史を記述する者ですら、自国民ならぬイギリスやアメリカ、フランスの歴史家たちであった、という嘆かわしい事実である。こうした痛ましい事実に対して、今日でもなおあえて反論しようとする者たちがある。[13] ルソーは『エミール』でこう述べている、「一国民しか見ていない者は、人間というものを知ることにはならないで、一緒に暮らしてきた人々を知っているだけだということを、異論のない格率とわたしは考えている」〔今野一雄訳、岩波文庫〕。スペイン人は何世紀にもわたって自分自身の中に閉じこもって生きてきた。したがって自己という特定の概念すらもちえなかったのである。

スペインは多くある知性や知識の分野で、長年の遅れをとってきた。そうした遅れこそ、しばしばスペイン人が自己の歴史の主体となり、歴史を自らの手に取り戻し、自由に固有の歴史を作ることを妨げている無能性の、最も頑強な根のひとつとなっている。ハイメ・ヒル・デ・ビエドマ[14]の詩が述べているのは「人間は自らの歴史の主人となるべきだ」ということである。フアン・ゴイティソロは〈自らの巣を汚す〉「稀な鳥」（rara avis）[15]であるばかりでなく、スペインにおいて考え、書くという可能性――多くの場合は不可能性――からくる、ああした事柄すべてに対して、受身的な対象としてではなく主体として、四十年間にわたって思考しつつ書くという行為に、積極的に携わってもきたのである。〈歴史を自らの手に取り戻す〉ことこそ、彼の作品の内包する意義であり、本書の隅々には、そうした彼の意識が明確かつ明示的なかたちで示されている。

アナ・ヌーニョ[16]

［原註］

（一）Tzvetan Todorov, *Nous et les autres. La réflexion française sur la diversité humaine*, Seuil, 1989.（訳書『われわれと他者――フランス思想における他者像』、小野潮、江口修訳、法政大学出版局）。

（二）『ドン・フリアン』（*Don Julián*, Galaxia/Círculo de Lectores, Barcelona, 2001）のこと。これは『ドン・フリアン伯爵の復権』（*Reivindicación del Conde don Julián*, Joaquín Mortiz, México, 1970）の著者の手になる決定版。

（三）作者は、最新作の『自らの巣を汚す鳥』（*Pájaro que ensucia su propio nido*, 2001）において、自らの思

想の本質的な関心となっている他の問題について著した未刊のものを含む論文を収録している。たとえば昨今のスペインの抱える、民主主義体制への推移の限界や難問といった問題、スペインにおける性的な分野での逡巡や検閲の存続、イスラムと西洋との関係、最近起きたバルカン諸国の戦争、道徳〈革命〉の二重規範や偽善性、市場やネオリベラリズムを盲信することの害などである。

（四）*Spanien und die Spanier*, Verlag, C. J. Bucher, Lucerna y Frankfurt/M, 1969.

（五）『アメリコ・カストロからファン・ゴイティソロへの書簡』（*Episitolario (1968-1972), Cartas de Américo Castro a Juan Goytisolo*, Pre-Textos, Valencia, 1997, 92）。

（六）フランコ以後のゴイティソロの著作に通じている読者であれば、付加されたこの結語部分には『自由、自由、自由』（アナグラマ、バルセローナ、一九七七年）および『自らの巣を汚す鳥』（前掲書）に採録された「F・F・B（フランシスコ・フランコ・バアモンデ）追悼」および「われわれは検閲時代を生きた」という二つの論文の断片が挿入されていることに気づくはずである。

（七）「ホモ・ヒスパニクス――神話と現実」、本書『スペインとスペイン人』、三九－四〇頁（*España y los Españoles*, Editorial Lumen, Barcelona, 2002, 23-25）。

（八）本書、四〇頁（*Ibíd.*, 25）。

［訳註］

（1）『イーリアス』第十三書、六。「人間のうちで別けても正しい、アビオイ族らの地をみそなわしつつ」（呉茂一訳）。

（2）カトリック両王は一四九二年にスペイン国内のユダヤ人を追放した後、モーロ人にも迫害を加え、一五〇二年に追放か改宗か二者択一を迫った。彼らはまた一五〇二年二月二十二日にシスネーロス枢機卿に命じてグラナダのビブランブラ広場で、アラビア語図書（とりわけコーラン）を焚書にさせた。その数五千とも言われる。

（3）　アメリコ・カストロはそうしたスペイン人のあり方を「望みえないものを求めて熱望的に生きる」（vivir desviviéndose）と表現している（『スペインの歴史的現実』*La realidad histórica de España*, 1962, 80）。この“vivir desviviédose”という表現は元来、M・ガルシア・モレンテが『スペイン史の哲学に対する思索』（一九四二－四三）の中で唱えてきたもので、生をあたかも現世の生ではなく永生として生きようとするスペイン的あり方を表象している（Manuel García Morente, *Idea de la Hispanidad*, Espasa-Calpe, Madrid, Col. Aus., 1961, 214-215）。

（4）　メネンデス・ペラーヨ（M. Menéndez Pelayo, 1856~1912）は『スペイン異端者の歴史』（一八八二）でもってスペインにおける異端者としてエラスムス主義者、プロテスタント、神秘主義者、ユダヤ人改宗者・モリスコ、魔術師などを取り上げた。

（5）　ガルシーア・モレンテ（M. García Morente, 1888~1942）は自由教育学院に加わり、ドイツでカント哲学を修めるも、内戦勃発でパリに移住し、そこでカトリックに回心した。この〈素振りのレトリック〉という命題はモレンテが一九三八年六月にブエノス・アイレスの芸術家愛好家協会で行った講演「スペイン的なるものとは何か」（Idea de la Hispanidad）から（M. García Morente, *Idea de la Hispanidad*, 11-97）。

（6）　R・メネンデス・ピダル（R. Menéndez Pidal, 1869~1968）は『スペイン史』第一巻の冒頭に付された序論「歴史の中のスペイン」（訳書『スペイン精神史序説』、佐々木孝訳、法政大学出版局）において、スペイン人の質素で理想主義的性格をローマ人から受け継いだものとしている。

（7）　エブロ川流域エストレマドゥーラ地方に住む系統不明の民族。

（8）　アメリコ・カストロ（Américo Castro, 1885~1972）の膨大な著作のほとんどが、スペイン以外の国々（アルゼンチン、メキシコ、アメリカ）で刊行されたのは、彼がフランコのスペインから亡命した知識人だからである。今日、民主化の結果、言論の自由が保障されたスペインではカストロを自由に読めるようになったが、未だに全集の刊行をみていない。ただし遅まきながらトロッタ社から弟子であるマルケス・ビリャヌエバらが中心となって全六巻の選集が刊行中である。

（9）　ホセ・マリーア・ブランコ・ホワイトは本名ホセ・マリーア・ブランコ・イ・クレスポ（José María Blanco y Crespo, 1775~1841）。一八一〇年にイギリスに渡り、雑誌『スペイン人』（*El Español*）を創刊。英国国教会に改宗し、文学名をホセ・ブランコ・ホワイトと称した。スペイン語で著した小説に『ルイサ・デ・ブスタマンテまたは英国のスペイン孤児』（一八四〇）、英語による評論集として『スペインからの書簡』（*Letters from Spain*, 1822）がある。ゴイティソロは『ブランコ・ホワイトの英語作品』（*Obra inglesa de Blanco White*, 1972）で、この自主亡命したスペイン人の書簡と人生を詳しく紹介している。彼は同じく故国から脱出したゴイティソロにとって先駆けとなる人物であった。

（10）　サルバドール・エリソンド・アルカルデ（Salvador Elizondo Alcalde, 1932~2006）はメキシコの作家、翻訳家、文芸評論家。六〇年代メキシコの最も独創的で前衛的な作家で、ジェイムス・ジョイスやエズラ・パウンドなどから影響を受け、写実性や愛国主義に傾く一般的傾向から一線を画す独自の文体を生み出した。

（11）　正式には『笑いを誘う諧謔作品の詩歌集』といい、一五一九年にバレンシアで出版されたもので、可笑しさ、下品な冗談、露骨な卑猥さといった表現が盛り込まれていて、黄金世紀にこのような好色な文学が出版されたことは稀有な出来事であった。内容が反ユダヤ主義的な大衆の好みに合致したと言われる。エルナンド・デル・カスティーリョの編になる『詩歌集大成』（*Cancionero General*, Valencia, 1511）は当時出版されるとすぐに売り切れになるほど、詩歌集は人気を博した。

(12)　原語は sotto voce（ソット・ヴォーチェ）。音楽の演奏標語で、「ひそやかな、ひそひそ声で」という意味。

(13)　サンチェス・アルボルノス以降で反カストロの最右翼に位置するのがエウヘニオ・アセンシオで、『アメリコ・カストロの想像したスペイン』（一九七六）で、徹底的にカストロを攻撃している。またエルネスト・ミラは『スペインの神話――三文化の楽園』（二〇〇六）と題した自らのブログで、イスラムやユダヤの選民思想を論い、あくまでもキリスト教徒と一線を画して同化しようとしていなかったと論じ、カストロの歴史観に異を唱えている。

(14)　ハイメ・ヒル・デ・ビエドマ（Jaime Gil de Biedma, 1929~1990）は一九五〇年代を代表するスペインの詩人。ブルジョア家庭に生まれたが、マルクス主義に傾倒し、社会批判的な詩を口語的韻文で書いた。ホモセクシャルで同じ同性愛者の詩人セルヌーダと親しく文通し、六十歳のときエイズで死去した。引用した詩句は『道徳性』（*Moralidades*, 1966）の中の「弁明と要求」（Apología y petición）より。

(15)　「地上における稀な鳥、黒い白鳥のごとし」（"rara avis in terris nigroque simillima cygno"）から。これは古代ローマの諷刺詩人ユウェナーリス（六〇~一四〇）の詩句でヨーロッパでは「地上稀なるもの」「存在しないもの」の隠喩として諺的に使われた。

(16)　アナ・ヌーニョ（Ana Nuño, 1957~）は現代ベネズエラの女流詩人でエッセイスト。長年、スペインの知的環境を揺さぶるべく出版社「キメーラ」の編集長を務めたが、それに飽き足らず、新たに「レベルソ出版」（裏出版）を起ち上げる。四冊の著作（『われら皆カフカなり』『銃撃的中』『エクルチュールの欲望』『薄明の歌』）で評論家デビューを果たしている。

はじめに

アンリ・ミショー(1)はある会話の中でこう述べた。「神話というものには怖気をふるう。いかなるものでも、古びて神話に化すようなものは問題にしたほうがいい。正直言ってフランスそれ自体も、何年も歳をふれば、〈フランス〉神話から自由になるためには名称を変えるべきかもしれない」

私は『スペインとスペイン人』を扱うに当たって、しばしばこの偉大なフランス詩人の言葉を想起した。作家が使命とすべきことについて、これほど簡潔かつ適確に述べた言葉というのも少ないだろう。つまり神話、ないしはそれが何であれ古びていくものすべてに対して容赦ない戦いを挑むことである。言い換えると、人間の肌に張り付いて、人間を欺き愚かな頑迷固陋の存在にしていくような、文化的・歴史的な知識の総体に対して、ということである。言葉がたどる運命というのは苦渋に満ちている。というのも外見には健全そのものに見えても、ひと皮剝いてみればつまらぬ幻想にすぎないからである。ゆっくりと何世紀もの時をふるにつれ、元来もっていた意味内容は色あせていってしまうものである。夜空の星を見てみればいい、われわれが星から受け取って見ている光はすでに存在していない。光を放っている星はすでに何万年も前になくなっている。唯一残っているのはかつて存在していたものの影、空虚なかたちだけである。スペインないしは〈スペイン〉という言葉は、イベリア半島の日々刻々かたちを変えていく現実を完全に把握することなどできない。これもまた神話であり、古びていく言葉である。作家はそれに対して戦いを挑まねばならない。それはドン・キホーテが風車に挑んだような、得体のしれない怪物との一筋縄ではいかない困難な戦いである。

　とはいえ神話というものは存在している。時の経過によって丹念につむぎだされたものとして、現に目の前にある。戦闘的なカスティーリャの人々は、この神話の名において、十五世紀末のイベリア半島の周辺地域や対立するマイノリティーに対して支配権を及ぼしていった。カトリック両王治下のスペインでは、宗教と戦争におけるカスティーリャ的理想によって、国家的統一、最後のイスラム帝国の消滅、ユダヤ人追放、新大陸の発見と征服、対抗宗教改革の名のもとでの、ヨーロッパにおける宗教戦争といった出来事が次々と生起していった。神話そのものの力によって生み出されたものは、まさしくマホメットの言葉につよく動かされたアラブ人が達成した、勝利の聖戦を彷彿させるものである。つまり一世紀以上にわたって世界は唯一スペインの前に屈しているかのように見えただけでなく、実際、フェリペ二世の支配するスペイン領はまさに「日の没するところなし」と言われたのである。おどろくべき神話の威力は、如何ともしがたいスペインの軍事的衰退にもかかわらず、生き延びていった。ケベードをはじめとする炯眼を具えたスペイン人たちは、国家の衰亡をはっきり認めていた。それはたしかに神話によって引き起こされた衰亡ではあったが、それなりに神話によって美化され、神話によって支えられた栄光に包まれた衰亡でもあった。衰退し、悪化の一途をたどる現実のさなかにあって、神話は手付かずのまま保たれ、放棄されることはなかった。あきらかに神話は責められるべきだが、それによって自他を区別させる際立った差異といったものも生まれた。たとえばスペインとそれ以外の世界との越えられぬほど深い溝といったものである。それはスペイン人の〈本質〉といったカテゴリーにまで祭り上げられた。ウナムーノや総じて〈九八年の世代〉のすべての者たちが、文学的な領域において、この手の独断的な自己同一性証明に寄りかからんとしたし、一九三六年にはスペイン人の半分が今一度、そうした本質を守ろうとして、あたかも最後のよりどころのごとく、神話を後ろ盾にしてわが身を守ることとなった(2)。

したがってこうした現実的な神話というものは、〈スペイン〉という言葉にどう転んでも欺瞞にしか見えない様相を与えるだけでなく、いつということなく恒常的に国民的現実の上に作用するものである。しかし複雑さと変化と矛盾を抱えたこうした現実は、〈スペイン〉という言葉のもつ一枚岩的で静的な型にきちっとうまく嵌ることはない。ここに一つの疑問が呈される。それは「単一のスペインではなく複数のスペインについて語ったほうがよくはないか？」という疑問である。イベリア半島のさまざまな国々の間に見られる大きな不均衡は、スペイン人という名の曖昧模糊とした共通のレッテルを貼ることで偽装されているのである。カタルーニャのスペイン的現実は、ガリシアのそれとは異なるし、アンダルシーアの現実はバスクのそれと一致することはない。こうした条件を鑑みるに、種々の現実のありように眼をふさいで、単一のスペインについて語るというのは、いかにも手荒な単純化、ないしは安易な怠慢に屈することと言えないだろうか？　この問いかけ自体が正鵠を射ているというだけでなく、肯定的な答えを要求するものでもある。存在しているのは単一のスペインではなく、社会・経済・文化のさまざまなレベルの、いくつものスペインである。われわれがもしそうしたスペインを一つの共通分母に収斂させてしまうとするならば、現実というものを、いかにも恣意的な方法の犠牲に供することとなってしまう。題名のように「スペインとスペイン人」に関してというよりも、むしろ複数のスペインとその国々の人々（カスティーリャ人、カタルーニャ人、バスク人、ガリシア人）に関してとしたほうがよかったのかもしれない。読者の方々にはわれわれがそうしていないことを許していただかねばなるまい。というのもかかる記述をするには充分なスペースがなかったからである。スペインの各地方に固有の生活様式が形づくられていく過程で、そのうちの一つであるカスティーリャが決定的な影響力を行使した、ということは確かである。したがってわれわれの分析もおのずとカスティーリャに向けられていくこととなろう。カスティーリャ社会の価値観が三世紀にわたって、スペイン人のほとんど全体に対して（大きな困難を伴いつつ）押し付けられることとなった。そして十九世紀に至ると、（後で検討することになるが、社会・経済的理由により）カタルーニャ、バスク、バレンシア等々で反中央集権的な動きが出現することとなった。それと軌を一にして、われわれの関心といったものも、現代スペインの発展に関する研究の方向として、他のいかなる地域にも増して、国中で最も工業が発展している地域に向けられるようになる。そうした行動半径は、社会学者によく知られた概念である、自己同一性という事象によって年々拡大していくが、沈滞して動きのとれなくなった古きスペインの犠牲のもとにおいてである。言い換えると、より未開な社会はたとえ生存を保証するような経済的・社会的・文化的な基盤を有していないとしても、工業化した社会の価値観を模倣することによって、自らのものとして受け入れるのである。カスティーリャの戦士的血統は十五世紀末にこうした神話の名のもとで、イベリア半島の周縁地域やさまざまな少数派たちに対する支配を及ぼしたのである。カスティーリャが十六世紀から十七世紀にかけて、自らの独特の生活様式をスペインの他の地域に押し付けていったのと軌を一にして、今日の産業国家スペインは農業国家スペインに対して、なおいっそう大きな影響力を行使するべく期待されている。後者について語る際は、どうしてもそうした影響関係について触れねばならなくなっている。

われわれは〈スペイン〉という言葉を前にすると、その言葉のもつ曖昧さ、内包する矛盾に満ちたもろもろの現実といったものに対する、明確な意識を抱かざるをえない。たしかにスペインの神話といったものが存在している。われわれは神話に対する自分たちのスタンスをはっきりさせるために、まずもって神話の存在それ自体を認めねばならない。われわれの姿勢というのは、受容的でもなければ受身的でもなく、いたって批判的である。今日、発展が著しいマスコミ（書籍、雑誌、ポスター、ラジオ、映画、テレビ）は、いわゆる消費社会の集団的意識に対して作用する、スペインの型どおりのイメージを作り出すことに大いに貢献してきた。たとえスペインに一度も足を踏み入れたことのない人といえども、平均的な欧米人であれば、スペイン神話の存在を髣髴させるような、一連の決まり文句や心的イメージを抱いていて、いっそう神話力を強化することに加担している。たとえばそれは騎士道精神であり、ドン・フアン主義、ドン・キホーテ的精神、聖週間、闘牛やフラメンコといったものである。読者は本書の中にこうしたイメージが個々のケースで語られていると同時に、それに対する批判的な見方も提示されていることにお気づきになられよう。つまり見せ掛けと実態、神話と反神話といった側面である。脱神話化という作業を成しとげるためにわれわれが試みたのは、こうした試みに潜む危険性をできうるかぎり排除するということであった。つまり時間を超越したような抽象的な心理学的性格付けとか、〈本質的価値〉や形而上学的カテゴリーなどに、安易に寄りかからないということである。結論を先取りして一言で言ってしまえば、永遠のスペイン的性格などというものは存在しない。今日のスペインとスペイン人は、十年前、五十年前、あるいは百年前のそれと同一ではない。国民生活のさまざまな様式というのは、歴史によって培われたものであり、歴史とともに変容と進化を遂げていくものである。

言い訳がましくなるが、最後に以下のことをお断りしておきたい。それはテーマ自体の大きさからくる制約として、全体を見通すような、一連のスペイン的現実における重要な側面には触れぬままに終わった、という点である。著者は自らの判断で、ある種の割愛や排除を行わざるをえなかった。もしそうでもしなければ、本書は日の目を見ることはできなかったであろう。止むかたなくテーマの選択において、主観的要素が入り込まざるをえなかった。そのことである種のえり好みや反感を招き寄せてしまったかもしれないが、読者諸氏がそれを受け入れようと、退けようとそれはご自由である。作品というのは、著者が語ろうとすることと同様に、あえて黙して語らぬ部分をも、その中で明らかにしてしまうものである。したがって勝手なお願いながら、批評される方々には、ぜひとも書かれたテクストそのものに準拠していただきたい。ここで扱っていない、多くのさまざまな点にまで敷衍されることのないようにお願いしたい。さまざまな点とは、もろもろの事実や現実、作品をめぐる知識の大海、一言でいえば、作品をめぐる情況のことである。

［訳註］

（1）　アンリ・ミショー（Henri Michaux, 1899~1984）はベルギー生まれのフランスの詩人・画家。日本、インド、中国をはじめ南米エクアドルや北アフリカを訪れたことがきっかけとなって、東洋文化の影響を強く受け『アジアにおける野蛮人』という著作を残している。麻薬を使ったことでその詩（『惨めな奇跡』）には、異常で幻想的な世界が生み出され、狂気的でシュールなイメージが漂っている。フランスという神話から自由になるというのは、まさにフランスの国民史家ジュール・ミシュレ（Jules Michelet, 1798~1874）による、フランス革命の栄光を全人類の勝利とするフランス神話に対するアンチテーゼである。

（2）　スペイン内戦においてフランコに与するナショナリスト側は、共和派の背後にいた国際共産主義者と対抗すべく、カトリシズムとスペイン語、君主制といったかつてハプスブルク家のイデオロギーを維持すべく、ヌマンシアの英雄たちを称賛して、スペイン神話を復活させた。セルバンテスの演劇作品『ヌマンシアの包囲』もまた、ナショナリストが共和派と戦うための道具に利用された。

ホモ・ヒスパニクス——神話と現実

つい最近まで、わが国の歴史家のほとんどが、イベリア半島をスペインの歴史的存在を遡ること二千年の昔に、タルテソス人、イベリア人、ケルト人、ケルトイベリア人という名の〈スペイン人〉が住んでいた、抽象的な土地とみなしていた。彼らはすでに歴史家たちによって、奇跡的にも〈スペイン人〉とされていたのである。フェニキア人、ギリシア人、カルタゴ人、ローマ人が半島にやってきたとき、これら侵略者たちはスペイン化の過程で次第に〈スペイン人〉となっていく前に、土着民（サグント人、ヌマンシア人）の執拗な抵抗に遭うこととなる。[1] 因みに〈スペイン人〉になるというのは、メネンデス・ピダルにとって、セネカもマルティアーリスもスペイン人作家であり、オルテガ・イ・ガセーもまたトラヤヌス帝を〈セビーリャ人〉として語っているからである。このように考えれば、スペインはあたかも川の流れのように、フェニキア人から西ゴート人に至るまで、最初の源流が何世紀にもわたる時期をへて、次第に増大して豊かになっていった、さまざまな人間的な流れがもたらした賜物ということとなろう。西ゴート族がアフリカからきた侵略者の前に滅び去ったとき、王国の崩壊はスペインそのものの崩壊となった。その結果、八世紀からアストゥーリアスの山々から始まったレコンキスタは、〈当初から〉(ab ovo) スペインの抵抗となったのである。

不思議なことにこの馬鹿げた虚構を、長年にわたってスペイン人はこぞって受け入れてきた。フランス人は古代ガリアの住民をフランス人と呼んだりもしなければ、イタリア人もまた、古代のローマ人やエトルリア人をイタリア人とみなしたりはしない。ところがスペインにあっては、サグントやヌマンシアが自分たちの武勲(彼らに言わせると、ナポレオンに対する国民的抵抗の輝かしい先例)であることに疑問の余地はない。それと同様、セネカは〈アンダルシーア人〉であり、マルティアーリスは〈アラゴン人〉である。それはあたかも今日のスペイン人たる横顔が、文明や文化の事実によって作られたものではなく、キリストの誕生に遡ること五百年の昔から、わが国に連綿として住んできた同胞たちに変わらぬ刻印を押してきた、ずっと昔からある〈本質〉であるとでも言わんばかりである。本当のところを言うと、栄光ある歴史的血統を探求するわが国の歴史家たちの試みは、疑わしい商売で金儲けをした人間が、怪しい財産の出所を煙に巻こうとして、十字軍の時代にまで遡るような系譜を捏造するのと似ている。

実を言うと、わが国の起源を輝かしいものにしたいというこうした熱望は、ある不名誉を消し去ろうとする秘めた願望と符丁を合わせているのである。つまり、タルテソス人やイベリア人から今日まで維持されてきたスペインの連続性が、不思議なことに断絶した事実のことである。〔歴史家たちの考えによれば〕ドン・ロドリーゴ〔西ゴート最後の王〕の軍隊がタリクとムサの軍勢によって、グアダレーテにおいて敗北を喫したとき以来、アラブ人侵略者たちは八世紀の間、中断することなく半島に居留まりはしたものの、決してスペイン人であったこともなければ、そうなろうとしたこともなかった。そして一四九二年にカトリック両王によってグラナダが陥落したことで、スペイン史の長い中断はついに終わった。つまり改宗せざるユダヤ人をほとんど一挙に国外追放し、スペインの宗教的統一をもくろんで一六一〇年にモリスコを一斉に追放したことは、公的な判断基準に則れば、二つの異質な共同体を国〈全体〉（corpus）から排除することと同じことであった。彼らは勝利者たるキリスト教徒との長年の共存関係にもかかわらず、一度としてスペイン化することはなかった（それはフェニキア人、ギリシア人、カルタゴ人、ローマ人、西ゴート人とは異なる点である）。スペインはモーロ人とユダヤ人から解き放たれて、晴れて自らのアイデンティティを回復し、再度、スペインとなったのである。

こうしたわが国についての歴史解釈は、真実とあまりにもかけ離れている。アメリコ・カストロがいみじくも指摘したように(2)、イベリア人、ケルト人、ローマ人、西ゴート人は一度としてスペイン人であったことはない。もしそれを言うなら、十世紀以降、キリスト教徒との密接な共存関係の中で、独特のスペイン文化をはぐくんだイスラム教徒やユダヤ人たちこそ、そうしたスペイン人であった。この文化はイスラム教、キリスト教、ユダヤ教の三つ巴的な人間概念の賜物として出来上がったものである。コルドバのアラビア文化の隆盛と、半島のキリスト教王国にアラビア文化をもたらしたユダヤ人たちの果たした役割は、決定的なかたちでスペイン人の将来のアイデンティティを形成することとなったが、それこそ根本的にスペイン人を他の西洋諸国から引き離す要素となった。よく知られたイスラムの宗教的寛容性は、イスラムと戦っていたキリスト教王国に同じような寛容性をもたらすこととなった。というのもそこでは、十二世紀から十五世紀にかけて、三つの血統に属すスペイン人が暮らしていたからである。カスティーリャの王たちはモーロ人やユダヤ人の家臣を受け入れていたし、特にユダヤ人は戦費調達で重要な役割を果たしていた。また彼らはキリスト教徒たるスペイン人の傍らで、行政的手腕を発揮することもまれではなかった。一方、キリスト教徒たちは彼らなりに〈聖戦〉というイスラム的概念を取り込み、〈選民〉意識というユダヤ的見方を自らのものとした。したがってカスティーリャの支配的意志というのは、当初から、多くのセム的特徴をもっていたのである。それと並行して、三つの血統の共存関係は、各々の専門性、いうなれば労働の三分化を決定付けることともなった。つまりキリスト教徒は何にもまして軍事を優先し、兵士階層を形づくった。ユダヤ人は学問的・財政的な分野での手腕を発揮した。最後にモリスコは機械や手工業的仕事に従事することとなった。文化的分野においても、共生的プロセスはそれと同様であった。十三世紀で最も卓越した知識人のひとりであった、マリョルカ人ラモン・リュル(3)は著作のほとんどをアラビア語で書いた。そして彼の思想の大胆で独創的な性質から見えてくるのは、ユダヤ、アラビア、キリスト教の各々の文化が、ユニークなかたちで一つの坩堝《るつぼ》のなかに合流し、融合した姿である。一二五二年にフェルナンド三世聖王が亡くなった際、彼の墓碑銘は、当時のスペイン社会を支配していた調和の象徴として、ラテン語、カスティーリャ語、アラビア語、ヘブライ語でもって記されたのである。その息子アルフォンソ十世賢王は『賛歌集』(*Cantigas*)の中で、神について次のように記している。

神こそキリスト教徒、ユダヤ人、モーロ人の

誰をもお許しになることができる、
その思いを神にしっかりと
据えている限りは。

イベリア半島の建築にざっと目をやると、最も際立ったイスラム建築（コルドバのメスキータ、セビーリャのヒラルダの塔、グラナダのアルハンブラ宮殿）のみならず、イスラムから直接的影響を受けたキリスト教芸術においても、こうした特異な状況の痕跡がすぐにでも目につくはずである。ピラトの家やセビーリャのアルカーサル、セゴビアのコルプス・クリスティ教会、ロソーヤ侯爵宮などは、ムデハル芸術の精粋として知られるが、特にその面で多様さと輝かしさを誇るトレードにおいて、旅行者の目を引き付けるのはサント・トメ教会の鐘楼（ミナレット）や、いわゆるモーロ人の工房、カサ・デ・メサの優美なサロン、とりわけ素晴らしいサン・ベニート教会やサンタ・マリア・ラ・ブランカ教会などである。とくに最後の教会はペドロ一世の治世にシナゴーグとして使用するべく建築され、後にカトリック教会として利用されたものだが、今でも王と建築家アブダリ、寄贈者サムエリ・レヴィの名を刻んだ碑銘が残っている。十三世紀から十五世紀にかけて、また十六世紀においてすら、キリスト教徒はしばしばイスラム教徒に宮殿や公共建造物のみならず、礼拝堂や教会の建築まで委託した。後者の例として、サラゴーサのマホマット・デ・ベリィーコの手になる三位一体教会の礼拝堂（一三五四）や、セゴビアのアブド・アル・ラフマンによるパウラールのカルトゥージオ教会（一四四〇～四三年建築）、今は消滅したが師匠ハッサンによるラ・ラティーナのマドリード病院、ラミという建築士によって一四九八年にサラゴーサで建造された、ラ・セオ大聖堂のパボルデリーアの柱廊玄関、さらにサラゴーサの斜塔（一八八七年に取り壊し）は、一五〇四年に五人の建築家（キリスト教徒とイスラム教徒が二名ずつ、一名はユダヤ教徒）によって作られたものである。しかし一四八〇年、カトリックのイサベル女王は、イスラム教徒やユダヤ人が大胆にも「イエス・キリストや聖母マリアのみならず、キリスト教にまつわる聖人の像を描くこと」をはっきりと禁止した。

平和的な共存関係はカスティーリャ王室が、支配下においた二つの血統の協力や援助を必要としている間は維持された。とはいえユダヤの血統に連なるスペイン人たちが蓄積した富と、王家の彼らへの財政的依存のせいで、十五世紀を通じてキリスト教徒側に彼らに対する敵対心が増大した。カスティーリャの権力が強化・増大するにつれ、スペイン人たるユダヤ人やモリスコたちの状況は悪化し、危機的なものとなった。じきに下層民の不満や嫉妬が引き金となった暴動が突如として引き起こされた。ユダヤ人街は焼き討ちに遭い、数多くのユダヤ人が殺された。十五世紀後半から見られた、大量のキリスト教への改宗者は、こうした社会不安による風潮を背景に生まれたのである。ユダヤ系スペイン人はこうしたやり方で自らの運命を切り抜けられるのではないかという、空しい希望を抱いたのである。しかし一四八一年以降、異端審問は新キリスト教徒の正統性に厳しく目を光らせ、その十一年後、イスラムに対する勝利に陶酔した結果、不寛容が決定的なかたちで勝利を収めることとなる。

カトリック両王が半島のイスラム最後の王国に終止符を打ち、ユダヤ人の追放令を発布したことで、われわれは悲劇の第一幕に立ち会うこととなった。スペイン人の行動と生きる姿勢はこの悲劇のせいで、その後何世紀もの間、容赦なき苛酷さを余儀なくされるのである。わが国の歴史家たちのありふれた見方とは逆に、ユダヤ人追放令はユダヤ人たちを団結させるどころか、むしろ彼らを分断し、心の傷を深く残し、引き裂くものとなった。実際、十四世紀末以来[4]、数多くのユダヤ系スペイン人は、彼らがまたすわポグロムに襲われるのではないかといった恐怖心から、賢明にもキリスト教に改宗していたのである。そしてユダヤ人共同体のすべてが、苛酷な祖国追放を避けるべく、一四九二年に最終的に〈マラーノ〉の列に加わったのである。この時からキリスト教徒はもはや単なるキリスト教徒ではなくなった。つまり爾後、彼らは新旧のキリスト教徒に分断され、新キリスト教徒は〈血の純潔令〉と呼ばれるものによって、社会の他の人々から分け隔てられるのである。

洗礼をうけたとしても双方の差をなくすことには役立たなかった。〈実際に存在した〉誠実な改宗者のケースでも、またコンベルソの子孫〈時として四代、五代も遡る〉の場合でも、勝利者に属す血統の厳しい価値観に照らして、両者を隔てる境界は存続することとなったからである。

スペイン人同士の積年の不和の種が蒔かれたのは、まさにこの時点であった。そして一四九二年三月の勅令によって生まれた傷口は、決して癒えることはないものとなった。アメリコ・カストロは一再ならず、コンベルソのフラシスコ・デ・カセレスが、彼を裁こうとした異端審問官たちに投げかけた言葉を引用している。(5)「もし我らの主君たる王がキリスト教徒にユダヤ教徒になれ、さもなければ国外追放だと命じられたとするならば、ユダヤ教徒になる人間もいるかもしれない」、しかし「彼らはそれでもキリスト教徒のまま、キリスト教徒として祈りを捧げるだろうし、世の中を欺くこととなろう。そうなれば〈他の者たち〉は彼らが形の上ではユダヤ教徒になったとはいえ、心の中ではキリスト教徒のままだととるに違いない」。十七世紀の新キリスト教徒アントニオ・エンリーケス・ゴメス(6)は、異端審問の厳しい追及から逃れるために、同じ血統の仲間の多くの者たちと同様、オランダに避難したが、彼は彼なりにもっとはっきりと、予言者的とも言うべき言葉遣いでこう述べている。「名誉ある地位から臣下を排除する国は必ずや崩壊するはめとなる。なぜならば父親の不名誉は、子の中で永遠に身を焼く生きた炎となるからである。一つの血統は二つの党派に引き裂かれ、それぞれが相手に対して復讐と憎悪を抱くこととなる」

［訳註］

（1） マルクス・ウァレリウス・マルティアーリス（Marcus Valerius Martialis, 40~104?）は古代ローマの属州であったヒスパニアのビルビリス（現在のサラゴーサ県の町カラタユー）出身のラテン詩人。作品は『エピグラム集』（諷刺詩）と称され、西洋文学における諷刺詩の伝統の模範として先鞭をつけた。

（2） アメリコ・カストロ『スペインの歴史的現実』、第一章「空想ならざる現実を求めて」。今日スペインと呼ばれている土地にかつて生存したすべての住人をスペイン人と称することは、カストロにとって空想・幻想以外の何ものでもなかった。スペインではなく、スペイン人としての自覚は十三世紀以降のレコンキスタによって涵養されたのである。スペインとスペイン人の間には一千年の隔たりがある（訳書『スペイン人とは誰か——その起源と実像』「〈エスパーニャ〉と〈エスパニョール〉には一千年の隔たりがある」、本田誠二訳、水声社、九七－一一四頁参照）。

（3） ラモン・リュル（Ramón Llull, 1235?~1316?）は中世カタルーニャの詩人にして神学者で散文家。ユダヤ人、イスラム教徒の非キリスト教徒を改宗させることを使命とし、ラテン語による書『異教徒と三賢人の書』の中で、キリスト教徒宣教師が彼ら異教徒からの反論にどのように対処すればいいかを論じた。

（4） 一三九一年にセビーリャ・エシハの大助祭（arcedeiano）フェルナン・マルティネス（Fernán Martínez）が発した反ユダヤのヘイトスピーチにより、ユダヤ人虐殺と焼き討ちのポグロムがセビーリャを起点として一挙にスペイン中に広がった（Antonio Domínguez Ortiz, *Los judeoconversos en la España moderna*, Editorial

MAPFRE, 1992, 11-13)。

（5）　アメリコ・カストロ『スペインの歴史的現実』、二八七頁／訳書『スペイン人とは誰か』「スペイン人はいかにしてスペイン人となったか」、三三一頁。

（6）　エンリーケス・ゴメス（Antonio Enríquez Gómez, 1600~1663）はセゴビア生まれのスペイン人小説家・詩人・劇作家。フェルナンド・デ・サラテの名で知られるカルデロン派の劇作家。父親はポルトガル生まれのユダヤ人で、アントニオ自身も異端者の疑いを掛けられ、セビーリャで自らの肖像を火刑にされたことからフランスに亡命した。さらにアムステルダムに移住し、そこで公然とユダヤ教徒を名乗った。本名で残した戯曲作品は二十二点に上る。

ユダヤ的〈伝染〉

カスティーリャ人は神から世界の運命を支配することを託された、支配的民族という意識――それによって、イスラムに対する世俗的戦いの中で鍛え上げられた征服者的衝動は、時を移さず、ヨーロッパのフランドルやイタリアから、アメリカ大陸のメキシコ、ペルーに至る遠隔の地にまでおよぶこととなるが――にひどく固執していたので、他のスペイン人たちの実存的な規範や地平として、人格のもつ〈支配的次元〉[1]（dimensión imperativa）といったものを立ち上げることとなった。旧キリスト教徒の中の体面や誇りといったものは、レコンキスタやめざましい帝国的拡大を可能にした戦士的血統ともいうべき、出自の純粋さの中にその根拠が求められた。貴族も農民も、富者も貧者も、すべての者が生まれつきの不純さで汚された、新キリスト教徒を前にして、人格的にみて彼らに優越するといった、〈男らしさ〉（hombría）の意識を有していた。アメリコ・カストロはカスティーリャ的名誉といったものを、抽象概念としてではなく実存的内在として、それが生まれでた人間的状況の中に組み込むことによって、きわめて明察的なかたちで分析を加えた。何にもまして旧キリスト教徒にとって必要だったのは、口さがない他者の攻撃に糸口を与えないような振る舞いを通して、自らの気性と純潔性に対して確信をもつことであった。「スペイン人を戸惑わせた唯一のことは、彼自身の中核や根源において、自らの完全さに水を差すような異質な要素を背負い込むことであった」。これから見ていくように、旧キリスト教徒たちは、こうしたことが原因で、知的・技術的労働に携わることで、自らの血統の純潔を曇らせるようなことはしたくなかったのである。というのも、そうした職種は、カトリック両王の時代からユダヤ人やモーロ人の血統にのみ属するものであって、不名誉な職種と見なされていたからである。ドミンゲス・オルティス[2]は数多くある見解のうち、フェリペ五世治下〔一七〇〇～一七二四年、生没年は一七〇〇～一七四六年〕のある代書家の見解を取り上げている。それによるとユダヤ人追放から二世紀以上も経ってなお、次のように述べられている。「スペインには夥しい数のユダヤ主義的慣行が横行している。こうした者たち（新キリスト教徒）の普段の生業というのは、高利貸しや儲け仕事、医者や借家人、商人、菓子業者などで、きわめて抜け目のない狡賢い連中である。奴らは権勢を手に入れて、キリスト教徒に対する復讐を図っているのである」。一七八七年にバレンティン・フォロンダ[3]は、商売に付随する不名誉という〈ゴシック的偏見〉から生まれた害悪について糾弾している。また自らの家系を記した古証文や廃墟になった邸宅にしがみつく田舎貴族のことを揶揄している。またブランコ・ホワイトは一八二二年に出版した『スペインからの書簡』(*Letters from Spain*)の中で、ナポレオン侵略以前のスペイン社会について、容赦ない筆致でその実態を暴いている。「血の純潔、つまり先祖を遡ってアラブやユダヤの血が混じっていないということだが、それはイベリア半島のすべてのキリスト教徒にとって、名誉の条件であり、名声の足がかりとなっていた」

近代の科学技術に対するスペイン人の貢献度の少なさといったものも、旧キリスト教徒の価値観との関わりから説明がつく。十六世紀、十七世紀、十八世紀のスペイン人は、ユダヤ人とみなされることが怖くて、学問や商業と関わりのある職業につくことを放棄したが、そのことによって農村の過疎化、新大陸からの金の流入、無益で出費のかさむ絶えざる宗教戦争などから惹起される、経済的破綻が加速したのである。十五世紀末の素晴らしいスペイン人文主義の隆盛も、次の百年間を通じて次第に衰退して、終いには完全に消滅してしまった。ビーベスを始めとするユダヤ的血統に属す知識人たちは、亡命するか、沈黙を余儀なくされた。カトリック両王が創設した異端審問は、信仰の純粋さに対する熱心な監視を行った。スペインに最初のプロテスタントの萌芽がきざすよりかなり以前に、宗教裁判所はすでにマラーノや〈モリスコ〉たちに対する容赦ない弾圧を加えていたのである。

マルセル・バタイヨンは『エラスムスとスペイン』[4]の中で、十六世紀におけるスペイン人文主義思想が次第に先細りしていく状況を、卓越した手法で分析している。かの著名なるフランスの学者が指摘するように、新キリスト教徒は新たな宗教的・哲学的思潮のための土俵を用意していた。そうした思潮は、エラスムス主義的な人文主義を通じて、旧キリスト教徒の従来の空疎な形式主義と相対立するものとなっていた。したがって、異端審問はつねに異端やエラスムス主義の疑いのある者たちのユダヤ的出自を証明せんとしたが、それと軌を一にして、イベリア半島を追放されたユダヤ人の宣伝に感染しないようとの趣旨で、一五〇二年に採られた措置を強調することも忘れなかった。異端審問は禁書処分を受けた書籍をもっていた者を、死刑と財産没収をもって処罰した。また恐るべき疫病から国を救うといわんばかりに、防疫線を張り巡らせたのである。フェリペ二世はフランドルを後にして、半島に戻った際に、ルーヴァン大学に学ぶスペイン人学生は四カ月の猶予をもって帰朝するように、そして「黴菌の保菌者」でないかどうかを確かめるべく、異端審問所に出頭するように命じたのである。異端審問所長官の息子ロドリーゴ・マンリケは、新キリスト教徒のファン・デ・ベルガラが捕縛された際に、師ビーベス（周知のことながら、ビーベスの両親の遺骸は、宗教裁判所によって新たに掘り起こされた末に焼かれている）にこう記している、「あなたのおっしゃるとおりです。わが祖国は嫉妬と傲慢で満ちています。野蛮をそれらに言い添えてもいいかもしれません。実際はっきりしているのは、スペインにおいては、いかなる人間であろうと、中庸な立場で立派な学問を培おうとしても、すぐに異端だ、間違いだ、ユダヤ的欠点だとさんざん言われないではすまないからです。ですから、学者に対しては、沈黙することを余儀なくされる始末です。また博識の呼び声に従っていく者たちは、おっしゃるように、大きな恐怖心を抱かされています。前にあなたにお話しした親戚が私に語ったことですが、アルカラでは本気になってギリシア語研究を根こそぎにしようとしています。スペインで無知に肩入れをして、こうしたことをやらかそうとするのが誰なのかは、すぐにでも予想できるというものです」。またスペイン人文主義思想の最高の人物〔ビーベス〕は、そのすぐ後でエラスムスにこう書き記している。「わたしたちは危険を冒すことなく話したり、口をつぐんだりできない、困難な時代に暮らしています」。バタイヨンは十六世紀に、異端審問がコンベルソに連なるスペイン人たちに、ますます大きな圧力をかけていった状況について明らかにしている。「この強力な機関は、財産没収と罰金によって身を養い、ますます増長していった。彼らが敵としていたのは、自由な精神をもった人々の敵意であり、新キリスト教徒たちの抜きがたい憎悪であった。異端審問はこうした者たちに対して設置されたものであり、人々は異端審問によって、彼らが屈辱を味わい、貧困化するのを見てとったのである。ところが、異端審問は金持ちで稼ぎのいい連中に対して、敵対心をむき出しにした平等主義的な陰湿な本能のうちに、そして大衆の旧キリスト教徒的感情のうちに、よすがを見出していたかのように見える。カトリック信仰を定めた勅令によれば、すべての人間が共有しうる知識としての、共通のカトリック信仰に対する犯罪があれば、それを告発するように命じていた。それと相俟ってスペイン人すべてが、好むと好まざるとにかかわらず、異端審問的行動に組していたのである。ここにこそウナムーノの言う、内在的な異端審問の真骨頂がある。この恐怖の機関が機能し始めるのに、何も異端審問所長官や異端審問最高会議が、わざわざ当初の動機を銘記するまでもなかったのである。彼らは単に調整する役割を果たせばそれで足りたのである」〔傍点引用者〕。

商業や学問研究、手工業などの業種は卑しく不名誉なものとされた。むしろ血統の純潔を疑わしめるそうした業種のいかなるものに就くよりも、無知蒙昧や貧困のままでいたほうがましだと思われたのである。他のヨーロッパ諸国の中産階級とくらべて、スペインのそれがひどく立ち遅れている事情を理解しようと思うなら、どうしてもこうした苛烈な血統間の対立にまで遡らねばなるまい。スペインでは富の蓄積や学問的・技能的知識にまさって、体面というものが重要だったのである。

アメリコ・カストロが指摘するように、こうした状況下においては、中産階級が世俗化した富を産みだすことは、とうてい不可能なこととなった。スペイン帝国が最大の版図を誇った時点で、一連の存在論的秩序といったものによって、将来の衰退が暗黙裡のうちに進行していたのである。知識と労働――これらは新たな中産階級を生み出す基盤となったものである――に関するスペイン人の否定的態度を探ろうと思えば、ケベード[5]のうちにその最高の表現を見出すことができる。『万人の時』や『夢』の中で、偉大なこの作家は商業的、手工業的な営みのすべてに対して、過激な敵意をあからさまに示している。彼の描く地獄には商人、仕立屋、医者、居酒屋などといった、すべて例外なくユダヤ人やモーロ人に似つかわしい職種が満載されている。ケベードはそうした者たちに対して、スペイン人にふさわしい唯一の高貴な職業として、軍人を持ち上げている。ケベードの作品に見てとることができるのは、一八四〇年にボロー[6]に大きなショックを与えることとなる、無知で誇り高く、悲惨なスペインの有様であった。ペドロ・アスナール・デ・カルドナやフライ・アロンソ・フェルナンデスなどは、一六〇〇年当時におけるスペインのモリスコを描くに当って、彼らが従事した職業を羅列している。それらは職工、仕立屋、鋳掛け屋、蹄鉄職人、靴屋など、すべて手工業的な職種であった。一方、知的関心や宗教的関心を抱いたり、単にギリシア語やヘブライ語を身につけているといっただけで（フライ・ルイス・デ・レオンほどの誠実なキリスト教徒すら迫害を受けたことを想起せよ)、どんなスペイン人であれ、自動的にユダヤかぶれの疑いをもたれたのである。ものごとはさらに進んで、目に一丁字もない人間こそ素晴らしいのだというほどの極端にまで至ったのである。当時あった多くの演劇(とりわけロペ・デ・ベーガのそれ)や小説には、無知蒙昧を誇りとするような人物たちが頻繁に登場する。今日、アメリコ・カストロのおかげで、われわれはカルロス五世の王立諮問院のメンバーに関する極秘の報告書の中で、その筆者にとって重要だったのはメンバーたちの血の純潔であったこと、またそれを決定付ける暗黙の規範が、〈農民の血統〉に属すかどうかという点にあったことを知るのである。(7) つまりよく読み書きができることや、才知に富んでいることなどは、ユダヤ性の証と捉えられたのである。セルバンテスはいつもながらのアイロニーでもって、(無知蒙昧な)人物の一人の口をかりて、読み書きなど求めない、なぜなら、そんな知識をもったばっかりに、「男たちはせいぜい火刑場に引き立てられるのが落ちだからだ」と言わせている。(8)

十六、十七世紀のスペイン文学を余すところなく理解しようとすれば、どうしてもいまわれわれが分析しているような、人間的状況を考慮に入れることが必要となる。つまり、勝利者となった血統のイデオロギーを代弁するような叙事的・英雄的ロマンセーロや名誉をテーマとした演劇に対して、ピカレスク小説や牧人小説、ないしは内省的な霊性を扱った文学などは、コンベルソの血をひく者たちの生き様を表現するものであった。一方には、ロペ・デ・ベーガやティルソ・デ・モリーナ、カルデロンなどが描く多数派の見方というものがあったとすると、他方には、フライ・ルイス・レオンやアレマン、セルバンテスなどの個人主義的な倫理観というものがあった。新キリスト教徒の実存的苦悩というものがあったればこそ、抽象化・様式化した定式から外れるような、個人化した様式が生み出されたのである。それらは後世、ヨーロッパの近代小説を生み出すきっかけとなった。『セレスティーナ』や『ドン・キホーテ』は、こうした葛藤が対立した人間的状況を直接的に反映した作品であり、後で見るように、有名なドン・フアン神話といったものも同様であろう。ケベードは骨の髄まで旧キリスト教徒であったが、彼の中には三世紀後にガニベーやウナムーノが引き受けることとなる態度の前提といったものが見てとれる。つまり『ブスコン』の作者は鋭い感覚でスペインの凋落を見抜いていたが、その原因の診断をしたり、瓦礫を取り除く代わりに、誇り高く瓦礫の中に収まって、隣国の富や腐敗堕落に非難を浴びせたのである。ウナムーノに見られるように、貧困は倫理的な価値、徳性となった。ウナムーノにとって、カスティーリャの悲惨な光景は、己が魂を病的に眺めるべき鏡となっている。つまり個人的な宗教性を発散させるべき対象のようなものと言ってもいい。

こうした内的分裂や精神的緊張ゆえに最もすばらしい芸術的表現が生まれたのであり、一方、対立は後を引いて長引き、敵対する二つの生き方は衝突を繰り返した。エル・グレコとスルバランの絵画、サンタ・テレサ・デ・アビラ、フライ・ルイス・デ・レオン、サン・フアン・デ・ラ・クルスの詩、ピカレスク小説、セルバンテスの小説といったものは、それぞれの持ち味をもって、多くのスペイン人たちの内面的苦しみ、深遠なる霊性といったものを浮き彫りにしている。大方のそうしたスペイン人たちに起きたことといえば、己れに対する自信を喪失し、他人からのよい評判とか、うまい身のこなし方などに避難所を求めるくらいであった。旧キリスト教徒は、ユダヤ的血統に属するスペイン人にとっての〈不安〉に対して、〈安らぎ〉という名の存在に関わる概念やイメージを対置した。つまり言い伝えによると、フェリペ二世の口癖となっていた有名な「落ち着くがいい」(Sosegaos) という言葉とか、エル・グレコの手で永生を得た『胸に手をおく騎士』の絵などに見られるものである。それらは時を隔てて、かなりひきつった様に見えるウナムーノの〈性質と容姿〉[9] (genio y figura) の中にも結晶化することとなる。しかし新キリスト教徒たちのさまざまな逃げ腰的なあり方が影をひそめ、異端審問の抑圧がさらに高まるにつれ、かつてのダイナミズムは消滅し、知的沈滞が芸術的・文学的分野においてすら支配するようになった。十六世紀末には、学問的・人文主義的活動の火は消え去ってしまった。その百年後、黄金世紀と呼ばれる時代を通じて世の人々を驚かした芸術と文学（ベラスケス、セルバンテス、ゴンゴラ）は、ほぼ完全に終息を迎えるのである。スペインはゴヤを唯一の例外として、文学的・芸術的な視点からみると、二十世紀初頭まで、何ら見るべきものをもたなかったのである。

まさにカトリックの親玉たるメネンデス・ペラーヨが言うように「血統の問題は、われわれの歴史の謎の多くを解き明かし、解決するもの」なのである。

［訳註］

（1）　これはアメリコ・カストロが『スペイン人の起源・実体・存在』（*Origen, ser y existir de los españoles*, Turus, 1959）および、その改訂版である『スペイン人はいかにしてスペイン人となったか』（*Los españoles: cómo llegaron a serlo*, Taurus, 1965）において述べた概念である。スペイン人においては業績や富の蓄積よりも、自らの人格に基づく体面の方が重要であった。信仰や名誉、英雄主義など人格に内在する要素こそスペイン人の行動を突き動かす原動力であり、彼らが何にもまして生粋の血統を重視するのもそこに原因がある（訳書『スペイン人とは誰か――その起源と実像』「人格の至上命令的な広がり」、三五九－三八九頁参照）。

（2）　ドミンゲス・オルティス（Antonio Domínguez Ortiz, 1909~2003）はスペインの歴史家で、スペイン歴史王立アカデミー会員。社会科学および人文主義の二分野で名誉あるアストゥーリアス皇太子賞を受賞（一九八二、一九八六）。代表的著作として『近世カスティーリャの改宗ユダヤ人の社会階層』、『十八世紀スペインの社会と国家』、『スペインとアメリカにおける改宗ユダヤ人』、『カルロス五世とスペイン啓蒙主義』などがある。最新の著作には『スペイン三千年の歴史』（*España: Tres milenios de Historia*, 2000. 訳書、立石博高訳、昭和堂）がある。

（3） バレンティン・フォロンダ（Valentín Foronda, 1751~1821）はビトリア生まれの経済学者で啓蒙主義者。イタリアやフランドル、イギリス、ドイツを旅行し、外国語に堪能で外国の知識人と積極的に交流をもった。様々なテーマに関心をもち、自らの見解を新聞誌上で発表し、化学や論理学、経済、政治に関する著作を残している。

（4） Marcel Bataillon, *Erasmo y España*, Fondo de Cultura Económica, 1937（primera edición en francés）, 1950（primera edición en español, corregida y aumentada）1991（cuarta reimpreción en España）, 491.

（5） フランシスコ・デ・ケベード（Francisco de Quevedo, 1580~1645）はスペイン・バロック期を代表する小説家・詩人で、フェリペ四世やその寵臣オリバーレス伯公爵の友人。宮廷に仕えていた両親はモンターニャ出身の貴族で旧キリスト教徒。そのため幼年期から生温い宮廷生活に浸かった生活を送ったが、極めて高い頭脳の持ち主でアルカラ大学では古典語や哲学（セネカ等）を学んだ。血筋の良さから反ユダヤ主義者として辛辣な批判を世の中に向け、ユダヤ人改宗者（とりわけ論敵であった大詩人ゴンゴラ）を痛烈に批判した。代表作としてピカレスク小説『ブスコン』がある。

（6） ジョージ・ヘンリー・ボロー（George Henry Borrow, 1803~1881）はイギリスの作家・旅行者・文献学者。冒険心に富んでいたボローは聖書協会の代理人として多くの国々を旅行し、一八三五－一八四〇年に訪れたスペインとポルトガルでは、プロテスタント聖書を普及させるべく原文のみの新約聖書を刊行するように命じたり、聖書のルカ伝をカロ（ジプシー）語に翻訳したり、その種の聖書をおいた書店をマドリードに開いたりして、官憲からにらまれセビーリャで投獄された。彼の著作として『レバングロ』（一八五一）、『スペインにおける聖書』（一八四三）などが有名である。

（7） アメリコ・カストロ『葛藤の時代について』（*De la edad conflictiva*, 1963. 訳書、本田誠二訳、法政大学出版局、三−四頁)。

(8) セルバンテスの幕間劇『ダガンソの村長選挙』(*La elección de los alcaldes de Daganzo*)のこと。村長候補者の旧キリスト教徒である百姓ウミーリョスは、学士から読み書きができるか聞かれて「おらが血筋に、ものを読むなんちゅう、馬鹿げたことを習おうなんて、そんな脳味噌の足らない奴はいる兆しもねえはずだ、あんなものはとどのつまりが、男なら地獄へ、女っ子なら売春宿へ連れていくぐれいが落ちだ」(合田由訳)と答える。

(9) 《性質と容姿は墓場まで》というスペインの諺から。つまり人格の特性は一生変わらないという意味で、「三つ子の魂百まで」に相当する。ウナムーノはスペイン人の特性をマンドニオやインディビルにまでさかのぼる普遍的で不変の性質とした。

キリスト教騎士

すでに述べたような旧キリスト教徒の支配的次元はスペイン全土に及んでいった。その中には周辺的地域（バレンシア、カタルーニャ、バスク、ガリシア）も含まれていたが、こうした地域は決して完全にカスティーリャ化されることはなかった。彼らは十七世紀以降のカスティーリャの凋落と軌を一にして、危機的状況に直面した際には、散発的とはいいながら、昔ながらの分離独立の主張を表明してきた。しかしハプスブルク家のもとでのスペイン人は全体として、壮大なる合意の中で一枚岩的に生活していたように見える。つまりある共通の様式によって、武芸と文芸が同質化していたからである。つまり征服者たちの驚異的な偉業の数々と、天才的なスペイン芸術の精粋といったもののことである。イベリア半島を見て回り、いくつかの都市（アビラやサラマンカ）や記念碑的建造物（エル・エスコリアル）、絵画（ベラスケスの『ブレダ開城』やエル・グレコによる騎士たち）、劇作（ロペ・デ・ベーガ、ティルソ、カルデロン）を眺めてみれば、一見するとさまざまなものに見えようとも、そこには紛うことなき家族の雰囲気といったものが容易に見てとれる。つまり、そうしたもののどれもが、ある理念的イメージによって霊感を吹き込まれ、目に見える範囲を超えたところに投影されているかのように見えるのである。ブレダの市長から町の鍵を受け取っているスピノーラ将軍の表情からは、ベルナール・ディアス・デル・カスティーリョ[1]の確かな筆致によって描かれた、征服者たちの姿を髣髴しないわけにはいかない。「スペイン人たるものが、どうして前進しないでおれようか、どうして利益と戦争のないところに留まっておられようか？」キリスト教を世に広めることで神に奉仕し、領土を拡大することで国王に仕えること、この二つの重要な目的によってコルテスとその部下たちは、敗北を喫し、〔テノチティトゥランから〕撤退を余儀なくされ、〔多くの兵を失った〕辛く〈悲しい夜〉を味わったときでも、自らを励まして鼓舞し、最後には、モクテスマに対する勝利を得て、莫大な富と財宝を有したアステカ帝国の領有への道を切り拓いていったのである。メネンデス・ピダルの指摘によると、コルテスは雄弁にも最も重大で危険な状況にあっても、誰もが尊重する格言として、ロマンセの一節を挙げて人々を鼓舞したとのことである。それは《名誉なく生きるより、名誉とともに死ぬがまし》というものであった。スペイン人にとっての均質的次元の戦利品というのは、キリスト教の布教と領土の征服という理想を、さらに推し進めて追い続けることであった。つまりモクテスマ王やアタワルパ王の財宝を略奪した後は、蜃気楼のごとく伝説上の黄金郷《エルドラード》を捜し求めていったのである。しかしここでしっかりと押さえておきたいのは、彼らはそうして獲得した富を活用して、実りあるものにしようなどとは決して思わなかったことである。不幸な先住民たちは貴金属を採掘するための鉱山開発に駆り出され、何万もの単位で死んでいった。そこで告発者フライ・バルトロメ・デ・ラス・カサスは、民族殺戮の責を負うべき者たちに対して、容赦のない厳しい態度で決然と立ち上がったのである(2)。

イベリア半島の作家や歴史家たちは遠い昔から、セネカやシッドなどといった著名な人物を先駆けとして、概して〈理想的スペイン人〉の特徴や資質がどういったものか定義づけようと努めてきた。ガニベーはそれをスペイン人の世俗的パラダイムとみなし、『スペインの理想』(*Idearium español*)の中で、〈瀉血〉をスペイン人独特の治療法としている(実際に後年、国家本来の健康を回復するためには、大量の〈赤血球〉を排出せねばならないと考えるようになるスペイン人たちがでてくる(3))。一方、メネンデス・ピダルはスペイン人とローマ人を比較対照しようとし(カエサルによるガリア占領を、メキシコやペルーの征服と比較している)、シッドというかなり曖昧模糊とした人物の中に、十六世紀のヨーロッパを驚愕させたカスティーリャ的霊性の永遠の本質を見出している。[4] 因みに詩人ルイス・セルヌーダの言葉を借りるなら、カスティーリャ的霊性はまさに「驚くべき逆説として世を席捲していた」のである。[5] しかしマヌエル・ガルシーア・モレンテが三十年前に、はっきりと現代的な目的を見据えて行ったように、理想的な〈キリスト教騎士〉たる存在――理想的というのは、わが国の海外領土で日の沈むことがないとされた時代の、すべてのスペイン人の理想ということだが――を、かくも正確かつ簡潔に要約した者は今だかつて誰一人としていない。

ガルシーア・モレンテはカスティーリャの戦士一人ひとりの理想とは、どんなものだったのかはっきりさせようという努力を払っている。そうした理想はイスラムとの長年の戦いに始まり、カトリック両王時代に半島の他民族を取り込んでいくことで、変動（社会基盤は十八世紀末から徐々に縮小していくことになる）を伴いながらも、今日まで維持されてきた。一九三六年から三九年までの内戦という特異な情況に胸の高鳴りを覚えていたモレンテにとって、こうした理想には時を越えた永遠の性質といったものがそなわっていた。つまり「スペイン人はいつでもキリスト教騎士であったし、いまもキリスト教騎士であり、今後もキリスト教騎士であり続けるだろう。そうした存在であるということは、スペイン人が心の底からつよく求めている究極的な願望である」。もしガルシーア・モレンテが直説法現在形で述べていることを、過去完了形に直せば、十六世紀、十七世紀の旧キリスト教徒的精神に対するモレンテの分析はかなり正しい、ということになる。モレンテがかいつまんで述べているところによると、スペイン人は自らを「選民とまでは言わぬにせよ、少なくとも神と自らにとっての栄光を勝ち取るという使命を帯びている」存在だとみなしているのである。スペイン人は偉大なる民族であり、勇敢で決然とし、忍耐強く、質実剛健で禁欲的である。そうした象徴こそキリスト教騎士であり、神と自らの良心に帰着するべき大義を守る戦士である。「騎士たることとキリスト教徒たることとは——と、十六世紀にアントニオ・デ・ゲバラは述べた——キリストの法においてこよなく一致している。真実の立派な騎士というのは、気骨に富み、戦いに臨んでは勇猛果敢で、寛大でもの離れがよく、苦難によく耐え、寛仁大度の存在であらねばならぬ(6)」。キリスト教騎士はこの世の事柄にはまったく眼もくれず、偉大なことだけを追い求める。スペイン人の寛仁大度と見栄えのよさ、もの離れのよさ、私有財産の管理や増大への無関心といったものは、至高で絶対的で無条件の価値への信仰あってこそ可能である。スペイン人はケベードが考えたごとく、自らにとって唯一なすべき価値ある仕事とは、戦争に他ならない。ケベードはこう述べている。「フランス人はスペインに商売をしにやってくる。ところがスペイン人ときたら、肩にカーパをなびかせて、徒歩でフランスを通り過ぎ、国王に仕えるべくフランドルまでやってくる。

スペイン人は国外では誰に仕えることもできない。生きていくためには兵士以外の職につくことを潔しとしないのである」。ナショナリズムとカトリック信仰こそ、『神の政治とキリストの統治』[7]なのである。ヨーロッパが少しずつ中世の精神構造から脱却していく間に、スペインはそうした構造に閉じこもり、傲然とした孤独な態度をもって〈ユダヤ的〉な商業精神に挑戦していった。コルテス、ピサロ、ヌーニェス・デ・バルボア〔パナマ地峡を横断し、太平洋を発見した〕、マゼランといった人物たちが、新大陸と大洋を発見することで、ルネサンス的世界の称賛と驚愕を呼び覚ました。カスティーリャ人はカリフォルニアやフロリダからチリやリオ・デ・ラ・プラタに至るまで、おのが国王のために富と領土を獲得していった。彼らの反経済的で救世主的な理想というのは、当面の間、近代の貨幣経済的原理に勝利するように見えた。この時期、スペイン人は力づよく、手ごたえをもって生きているように感じていた。いわば行動と創造という、現実的力を十全に発揮して生きているように感じていたからである。征服まもないメキシコの空に聳える驚異的な建造物からは、彼らの信仰と理想がいかに堅固であったか、彷彿することができる。範例としてその地にあるのは、後に「研ぎ澄まされた鋼のごとく太陽に光り輝いて」とわが国の詩人の一人[8]が歌うこととなる、石灰岩の山並みを背景に、厳しくも荘厳なたたずまいの中に聳え立つ、エル・エスコリアル修道院である。堅牢な石のような意志と、不滅性を一途に追い求めんとする気持ちが一体となって、そこに何の飾り気もなく清澄さの中に佇んでいる。

そこを訪れる人が例外なく感じとる静けさと壮大さというのは、当時のスペイン人の精神的理想と完全に符合している。ガルシーア・モレンテが言うように、キリスト教騎士は「口数の少ない、ほとんど無口に近い人間でありながら、身の処し方は堂々としていて、人との付き合いでもほとんどしゃべらない。しかし一朝事あらば大音声をあげて、雄弁で見事な言葉を繰る優れた者たちを凌駕するすべを心得ている」[9]。こうしたやり方を実践しようとする姿勢――エル・グレコやベラスケスの絵画によく示されている――は、彼らの表情や物腰、衣裳からもよく窺える。『わがシッドの歌』において、無名の作者は武具甲冑や衣裳についても疎漏なく詳しく語ることで、重々しい謹厳実直なカンペアドールの人物像を強調している。すでに述べたことながら、こうした表情についての修辞法というのは、〈性質と容貌は墓場まで〉という生粋的な諺そのものである。性質は容貌の中に示される一方で、容貌は性質の反映である。天分によって旧キリスト教徒固有の性格、自己を自己たる所以、おのが〈生の住処〉[10]の表現や象徴といったものが理解されるのである。カスティーリャ的名誉というのは、前に述べたように、十七世紀のスペイン演劇全体の軸となっているものだが、内部的に血統間の対立によって引き裂かれた、当時のスペイン社会の特殊条件に対応している。個人的な〈体面〉意識は、人々の間の立派な評判と同一視されることとなる。つまり、世の夫たちは名誉の掟に従って、妻に対する嫉妬からではなく、立派な評判のほうが、生命よりも優先されるという冷徹な論理によって、恐ろしい復讐を果たさねばならなかった。当時最も人気のあった名誉劇のひとつにおいて、ロドリーゴ・アリアスはディエゴ・ガルシーアに致命傷を負わされた際に、こう叫んでいる。「ああ、俺は死ぬ。でも俺の名誉は死なぬ」[11]。『七部法典』の規定するところでは、「たとえ罪なくとも、人から汚名を着せられた者はこの世の財産と体面において死んだものとされる」[12]。かくして復讐というのは無辜の人間に対してすら、果たさねばならなかったのである。ガルシーア・デ・カスタニャールが妻に対して果たしたように[13]。

わが名誉からそなたを裁くのだ、
嫉妬を抱いたからではないのだ。
なぜとてそなたの命を犠牲にしてこそ
汚名から身を守ることができるからだ。

こうした名誉に関する概念のユダヤ的性質といった点について、スペイン黄金世紀演劇の研究者（たとえばウナムーノ、メネンデス・ピダルなど）は把握してこなかった（あるいは把握しようという気がなかった)。実際、それは他の多くのカスティーリャ的な概念と同様、キリスト教徒、モーロ人、ユダヤ人という三者の何世紀もの共存関係の結果であった。バーリェ・インクランは〈エスペルペント〉(14)において十七世紀スペイン演劇のモチーフを情け容赦なく皮肉った際に、カルデロン的名誉観は〈ユダヤ的な民衆形態〉であると喝破している。たしかに他の西欧世界の文学において、それと似たようなモチーフをもったものなどどこにも見当たらない。シェイクスピアのオセロはたしかにモーロ人だが、どちらかといえばヨーロッパ人として行動している。ロペやティルソ、カルデロンなどが描く登場人物たちは、スペイン人でありながら完全にユダヤ的、ヘブライ的な精神構造に従って語り、行動しているのである。

しかしここでもう一度ガルシーア・モレンテが問題にしたカスティーリャ人の精神的特質に立ち返って、別の基本的特質であるストア主義について考えてみよう。モレンテにとって、スペイン人の魂の奥底に存在しているのは「キリスト教と密接にむすびついたストア主義の確固たる残滓である。それによってスペイン人は一方で苦痛を耐え忍ぶということを学んだとすると、他方では攻撃し、支配するということを学んだのである。われらがスペインをひもとけば……英雄主義と禁欲主義、偉業と停滞といった対極的なもの同士の振り子の揺り返しが見られる。スペインの絵画や文学の様々な様相のなかにこそ、そうしたコントラストの美しい表現が如実に見てとれるのである」[15]。モレンテの見方によれば、まさにこうした揺れこそ、スペイン人が十七世紀末に西洋史において別の方向に舵を切った際に、誇り高く自己の内に閉じこもり、見下すかのように歴史に背を向けてしまったことの原因だったのである。「したがって、スペインが急速に非キリスト教化せんとしていたヨーロッパを前にして、一七〇〇年にとった孤立的態度は、スペイン人の気質や様式とぴったり平仄が合っていたのである」。われわれの言い方に従えば、スペイン人は無敵艦隊の敗北後に海軍力が消滅し、ロクロワ（Rocroi）の戦いにおいて軍隊が壊滅した段階において、（勇猛果敢とはいえども無教養な）軍事国家は、長い目でみると、（それと比較すれば戦争には長けてはいないが、技術や貿易、科学などの分野でより卓越した）商業国家を前にして、自らの軍事的覇権を維持することはできない、ということに得心がいったということだろう。十六世紀の驚くべきパラドックスが突如として姿を消し、スペインはもはや貧窮したとはいえ誇りばかり高い、地方貴族イダルゴ（郷士）の住む、先祖代々の土地となりはてた。それこそセルバンテスが憂いをこめて、サンチョと「憂い顔の騎士」の楽しい冒険物語を通じて描くこととなる風景である。

ガルシーア・モレンテの関心を呼んだ最後の点は、死を前にしたときにカスティーリャ人がとる態度であった。キリスト教騎士はまさにキリスト教徒であり、騎士であるというところから「死というものを落陽ではなく曙のように捉える」のである。カスティーリャ人にとって生とは単なる通過点にすぎず、短ければ短いほど望ましいものであった。なぜならば扉は永遠で無限の世界に開かれているからである。

われらの生は川のごとく流れゆき
しまいには死という名の
海へと注ぐもの。
いまをときめく者たちも
ついには朽ち果て
滅ぶもの。
とうとうと流れる大河も
ふつうの川も、
さらに小さな小川とて
ひとつになればどれもが同じ川の水
額に汗して生きようと、
富貴の中に生きようと。(16)

〔佐竹謙一訳〕

実際十六、十七世紀スペインの詩や演劇を見てみれば、こうした〈永遠性を求める焦燥感〉が数多くのケースで見られる。とりわけサンタ・テレサ・デ・ヘスースの名高い詩には、それが美しい言葉でもって表現されている。

私は己のうちに生きることなく生きています。
あまりに高い生を待ち望んでいるからこそ
死んだとしても死ぬことがないのです。[17]

スルバランやモラーレスの描く忘我の聖人たち、苦悶と苦悩によるエクスタシーの表情をみせるキリスト像や聖母マリア像は、他の西洋絵画に類を見ないものである。それは純粋にスペイン的な芸術であり、生に向かい合うカスティーリャ人の態度、内在的・実存的な生活経験の成果といったものを直接的に表している。

スペイン帝国が永遠に消滅し、国家が経済的に破綻したとはいえども、カスティーリャの戦士的血統の理念は、イベリア半島のある特定地域や社会集団の中で依然として生き続けていく。内戦中や内戦後における、輝かしい絶頂期のファランヘ党の文体やレトリックには、驚くべき力でそうした理念が深く滲みこんでいる。「知性などくたばれ、死よ、万歳！」という言葉がウナムーノに直接投げつけられたが、それこそ十六世紀には疑いもなく真正で、実り豊かであった旧キリスト教徒的メンタリティの、かなりグロテスクで漠然とした名残であった。われわれは人々の間に近代産業社会の価値観が根付いている今日のスペインでは、そうしたメンタリティは消え去る運命にあると合理的に考えることができる。たしかにそれは国家的衰退の拠って来る原因であったが、少なくともスペイン芸術の中で最も美しく、永続的価値をもった作品群を生み出すきっかけになった、という点だけは踏まえておくべきだろう。

［訳註］

（1）　ベルナール・デ・ディアス・デル・カスティーリョ（Bernal Díaz de Castillo, 1492~1581）はメキシコ征服者にして歴史家。兵士としてキューバ、ユカタンに赴き、さらにアステカ王国の征服に従事する傍ら、その出来事を『ヌエバ・エスパーニャ征服史』にまとめた。スペインによる征服と植民地化を、単に富や領土を獲得するためではなく、キリスト教布教と王家への忠誠、栄光への渇望などによってなされたもので、スペインの公的な立場を正当化し、〈黒い伝説〉を広めたラス・カサスとは真っ向から対立した。

（2）　バルトロメ・デ・ラス・カサス（Baltolomé de las Casas, 1474?~1566）はセビーリャ生まれのドミニコ会修道士。当初、植民者として父とともにインディアスに渡り、エンコメンデーロとなったが、ある時聖書の「神は邪悪なかたちで得られた貢物を受け入れない」という「集会の書」の一節を聞いて回心し、それ以降、スペイン人キリスト教徒の征服に伴う残虐非道なやり方を糾弾し続け、それをスペイン帰国後、浩瀚な歴史書『インディアス史』にまとめた。征服を正当化するセプルベダとの論争において、『インディアスの破壊についての簡潔なる報告』（一五五二）を著し、スペインを悪、インディオを善とする極端な善悪二元論を展開して、スペインの汚名（黒い伝説）を世界に拡散した。

（3）　アンヘル・ガニベー『スペインの理念』（訳書、橋本一郎、西澤龍生訳、大学書林、九五－九六頁）。

（4）　メネンデス・ピダルは『歴史の中のスペイン』（訳書『スペイン精神史序説』）の中で、スペイン人の性格である質素、倹しさ、物質的必要性に対する無頓着といった面はセネカのストイシズムによるとしている。彼はカスティーリャ中心のスペイン史を肯定する立場から、ローマ人とスペイン人との間に心理学的繋がりを強調している。しかしゴイティソロは『ドン・フリアン伯爵の復権』（一九七〇）において、そこから作り上げられた〈キリスト教騎士〉という固定観念を、カスティーリャの風景として称揚した〈九八年の世代〉の代表的知識人であるウナムーノやアントニオ・マチャードらとともに痛烈に批判している（*Reivindicación del conde don Julián*, Seix Barral, 1970, 1988（cuarta edición）, 157-163）。

（5）　スペインの詩人ルイス・セルヌーダ（Luis Cernuda, 1920~1963）は内戦時に共和派に属していたため亡命を余儀なくされてスペインを去り、アメリカ、メキシコで教鞭をとった後、メキシコの地で没した。ホモセクシャルであったところから、自由を抑圧するスペインの体制的イデオロギーと折り合わず、詩の中に自らを解放する手立てを見出そうとした。ゴイティソロは著書『車掌車』（*El furgón de cola*, primera edición, Ruedo Ibérico, París, 1967 ; Seix Barral, 1976, 2001, 157-179）で「セルヌーダへのオマージュ」という章を立てている。

（6）　アントニオ・デ・ゲバラ（Antonio de Guevara, 1480?~1545）はサンタンデール生まれのフランシスコ会士の散文家。カトリック両王の宮廷に入り、王子ドン・ファンに仕え、後に卓越した修辞と雄弁により、カルロス五世の公認説教師、年代記作家となった。『マルクス・アウレリウスと王子の時計』が主著。他に『都を貶し、鄙を讃える』、『親愛書簡集』などの作品が知られている。引用箇所は『親愛書簡集』「第一の書」、五六番「アルバ公爵ドン・ファドリーケ・デ・トレドへの書簡」より（アメリコ・カストロ『セルバンテスへ向けて』（*Hacia Cervantes*, Taurus, Madrid, 1957. 訳書、本田誠二訳、水声社、一〇五頁）参照。

（7）　ケベードは折り紙つきの旧キリスト教徒の貴族であり、戦士的なカスティーリャのイデオロギーを体現した作家である。反ユダヤ主義を公然と標榜して、スペイン社会の血の純潔とそれに基づく社会秩序やヒエラルキーを擁護した。『神の政治とキリストの統治』はケベードの政治思想をよく反映した著書で、キリスト教君主たる者は福音書の理想に沿った政治を行わねばならないと説いている。

（8）　ルイス・セルヌーダの詩集『雲』（*Las nubes*, 1937~1940）所収の「石の上の鶯」（El ruiseñor sobre la piedra）から。

（9）　『スペイン性の理念』（*Idea de la Hispanidad*, conferencias pronunciadas los días 1 y 2 de junio de 1938 en la Asociación de Amigos del Arte, de Buenos Aires）の第二章「卑屈さに対する高慢さ」（Altivez contra servilismo）の中の一節。

（10）　'morada vital' という概念はアメリコ・カストロが主著の中で論じた基本的な歴史的概念のひとつで、従来の静的で心理学的な〈国民性〉とは異なり、民族が可能性と不可能性の中で、動的かつ構造的に取捨選択してきた固有のあり方を指し示す。民族の魂が宿る場所といった意味（『スペインの歴史的現実』（1954, caII, 42-44）。

(11)　ギリェン・デ・カストロ『シッドの青春譜』（Guillén de Castro, *Mocedades del Cid*, 1610?）第三幕における台詞。

(12)　Partida 2ª, título 13, ley 4ª; Partida 2ª, título 223.

(13)　ロハス・ソリーリャ（Francisco de Rojas Zorrilla, 1609~1648）の戯曲『国王の他は容赦せず』（*Del rey abajo ninguno, y labrador más honrado García del Castañar*）。

(14)　〈九八年の世代〉に属すガリシア人の小説家で劇作家バーリェ・インクランは、初期の近代主義的手法から、次第に現実をグロテスクかつ醜悪に歪曲し、不条理なかたちで描く手法へと作風を転換した。こうしたユニークな手法をエスペルペントと呼んでいる。これは初期の『ソナタ』四部作のブラドミン侯爵の人間像にすでに見て取れるが、はっきりした形をとったのは『ボヘミアの光』や『神の言葉』などの作品においてである。スペインの神話をエスペルペント的手法で解体したのが、フアン・ゴイティソロの『ドン・フリアン伯爵の復権』といってもいい。

(15)　ガルシーア・モレンテ『スペイン性の理念』、第二章「計算よりも胸騒ぎ」（Más pálpito que cálculo）より。

(16)　カンシオネーロ（詩歌集）の詩人ホルヘ・マンリーケ（Jorge Manrique, 1440~1479）の「父の死に捧げる歌」（Copla a la muerte de su padre）の最初の一節。レコンキスタで戦死した父ロドリーゴの死をモチーフとして、人間の儚い運命と死を超える業績、名誉、永生を静かながら高い調子で謳いあげて、中世スペイン抒情詩の白眉とされる。

(17)　原文は、“Vivo sin vivir en mí, y de tal manera espero, que muero porque no muero”. しかし二行目は原文のように‘y tan alta vida espero’とするテクストもある（Santa Teresa de Jesús, *Obras Completas*, 4ª edición, Biblioteca Nueva, Madrid, 1987, 933）。

スペインの原罪

十六、十七世紀のスペイン文学というものは、知的関心を〈ユダヤ的〉なものとして抑圧することと軌を一にして、明からさまなやり方にせよ、手抜かりからにせよ、スペイン・アラブ的な官能性といったものを、徹底的に抑圧しようとする傾向を示している。今日に至るまで、歴史家の誰一人としてこの現象のもつ大きな重要性について、しかるべくきちんとした評価を下した者はない。ハビエル・ドミンゴはいみじくも次のように指摘している。「アラブ人は性行為というものを、自分たちの最も基本的な欲求の枠組みの中に組み込んでいる。反対にキリスト教徒は性というものをますます排除し、否定する傾向にある。アラブ人にとって感情とセクシュアリティは、不可分のものである。ところがキリスト教徒にとって、性に関するものすべてが忌まわしい存在であり、魂を穢すものとなる。キリスト教徒とイスラム教徒はともに同じ土地で、ほとんど同じような様式で暮らしてきたが、愛のような本質的な部分の捉え方においては、あまりも対極的であったため、両者が八世紀もの間、戦いを継続したというのも異とするには足らない。スペイン人がアラブ人から受け継いだもののすべてが容赦なく押さえ込まれたが、その第一のものがセクシュアリティであった[1]」。中世期におけるアラブ・アンダルスのエロス文学と、その影響下にあったカスティーリャ文学とは、文学的にみてきわめて高い芸術的表現性を獲得していた（コルドバのイブン・ハズムやイタの主席司祭の名を挙げるだけで充分であろう）。ところがカトリック両王の時代になるや、スペイン人作家にとって性は嫌悪と憎悪の対象となっていく。つまり官能性は最悪の敵となるのである。

ニーチェは『反キリスト』の中で、コルドバ征服後にカスティーリャの王たちがとった最初の措置というのは、同市に存在した三百あまりの公衆浴場を閉鎖することであったと述べている。モリスコのすべてが最終的に王国から追放されたとき、アスナール・デ・カルドナ学士は、あの連中たちは「魯鈍にして野獣的であり、動物的快楽に耽り、男色を好み、悪しき肉欲に耽溺して飽くことがない[2]」といって、破滅的な勅令を弁護し正当化している。

『セレスティーナ』（一五〇二）のような作品がひろく読まれたのは、当時、異端審問所の監視の目が、いまだ完全にはスペイン人の生と意識に対して向けられていない時期だったからである。しかし十六世紀中葉以降、肉欲的愛はスペイン文学の地平から姿を消してしまう。最後にして重要なエロス的作品としては『アンダルシーア娘ロサーナ』(*La lozana andaluza*)が挙げられるが、これが一五二八年にイタリアで印刷されたことは興味深い。それ以降、印刷に附されえたものは唯一、理想化された愛のみであった。つまりペトラルカが『千夜一夜物語』を押しのけてしまったのである。ふつう、ジャンルとしてリアリズム文学とみなされる作品、たとえばピカレスク小説においても、アンチ・ヒーローは盗みを働き、嘘をつき、人を騙しはしても、姦淫だけはしない。たとえしようとしても、その試みは惨めなかたちで挫折し、一連の滑稽で喜劇的な出来事を引き起こし、止むかたなく赤恥をかかされるのが落ちとなる(アレマン、セルバンテス、ケベードなど)。ペテン師のやくざ者のフスティーナ(『あばずれ女フスティーナ』の主人公)は、数多くの卑猥な出来事、胡散臭い話にどっぷり漬かってはいても、誉れある紋章のごとく、ほとんど神学的概念のごとく、自らの処女性をしっかりと守っている。作品の最後の部分で、自らの婚礼の初夜のことを次のような言葉で語っている。「私は自分が生娘だってこと、そして操を守ってきたことで、自分の誉れとなったことをよくわきまえていたし、そうすれば、真っ白な新床のシーツをルビーのような赤で染めることになるってこともね」。

『セレスティーナ』の中心的テーマとなっている性は、『ドン・キホーテ』には決して現れることはない。かの憂い顔の騎士は、当時の小説に登場するほとんどすべての人物と同様、脱性化された存在であり、その恋愛は純粋なプラトニック・ラヴである。ケベードにおける女性嫌いはまさに病的といっていいほど極端である。彼が女性について語るときの表現は生理的で、いかにも嫌悪を催す体のものである。女性は悪であり、悪魔そのものである。愛は欺瞞であり、罠である。「妊娠中の女というものを考えてもみるがいい、吐き気を催すほどである。妊娠していないとしても、したことがあるか、いつかすることになるのだ。そうした女に心を奪われるというのは何とも恐ろしいことではないか。どんな木偶の坊と比べても、土台のあやふやな者どもにうつつを抜かすなどということは何とも恥ずかしい限り[3]」。彼の辛辣な反女性主義に似たものを探そうとすれば、テルトゥリアヌスや初期キリスト教の教父たちにまで立ち返る必要があろう。ケベードは肉欲的性愛を回避することによって、スカトロジー（糞尿嗜好）に陥ってしまった。われわれは詩人たちが、珍味佳肴と美味なるワイン、金髪の美しい女奴隷、物憂げな若い酌人たちを前にして歌うような、そうしたアル・アンダルスの夜の官能的雰囲気から遠く隔たってしまったのである。

興味深いことに、反エロス的な攻撃と性的過剰に対する断罪といったものは、後にフランスや他の西洋諸国において起きたように、新しきブルジョア的倫理の名の下では完遂することはない。というのもブルジョア的倫理というのは、労働の〈理性的〉概念を〈動物性〉に対置せんとするものだからである（後にサド、ボードレール、ランボーはそうした専制に対し反旗を掲げることとなる）。ことスペインにおいては、性的抑圧は資本主義的蓄積過程の土台を形づくり、貴族的浪費の断罪（贅沢な消費からバロック的〈過剰〉まで）を意味するような、そうした社会・経済的理由（リビドーと生産性の二律背反）にではなく、内在的・実在論的な要素に基づいていると言うことができる。そうした要素とともに隠然としてあるのは、個人を出口のない問題性に閉じ込め、私的生活の領域に結びつけ、あらゆる成人の自由な社会活動に対し無力化せんとするような、そうした病的な意識を個人の中に生み出さんとする目論見である。本当は生産性と性との間には対立など存在しないのである。リビドーの抑圧は構造的にみると否定的なかたちで、抽象的で苦悩に満ちた空虚を見据えるかのように、冷静沈着に行われている。十七世紀のスペイン文明というものは、セックスに背を向け、知的・経済的活動を無視するかたちで展開していった。真の知的自由が必然的に性的自由を意味し、その逆をも意味するがゆえに、性を追いつめることによって、知性そのものが追いつめられることとなった。両者の抑圧は同時的なやりかたで実行されたのである。

性はあらゆる悪の原因であり、八世紀の〈スペインの滅亡と破壊〉つまり西ゴート王国の滅亡ということだが、その出来事を表現すべく民衆的ロマンセーロが作り上げたのが、麗しのカーバ（アラビア語のcahbaに由来し、〈身を売った〉という意味）に恋した西ゴートのドン・ロドリーゴ王の伝説である。彼が彼女の貞操を奪ったため、父親の名高きドン・フリアン伯は王国に叛逆し、復讐せんとしてスペインをイスラム教徒に売り渡したのである。こうした民衆的モチーフは、フライ・ルイス・デ・レオンの『タホ川の予言』（*La profesía del Tajo*）という、こよなく美しい詩に中に余すところなく表現されている。

ロドリーゴ王は麗しのカーバと
タホ川のほとりで愉楽にひたったった
誰一人見るものとてなく
女の乳房を露わにした王に
川はこのような言葉を述べた。

無理強いをする邪な男よ、そなたの
愉楽は呪われるがいい、耳に聞こえてくるのは
怒りと熱情を身にまかす

猛しマルスの雄叫びと
大音声に苦渋の声の数々よ。

ああ、そなたの悦びがどれほど
多くの嘆きをもたらすものか、あの女の
美しさは何という忌まわしいことか。
ああ、スペインに何と悲しい日となったことよ、
ゴートの王位に何と高くついたことよ。

ドミンゴは次のように述べている。「社会・宗教的な既成の秩序から外れる官能的欲望の満足には、とんでもない災厄が待ち受けている。スペインにおけるイスラム勢力の存在を説明するのに、どうしても必要とされたのは、王が天をも穢す大罪を犯したという事実であった。つまり教会博士たちの見方によれば、人間が有する最も卑賤な部分である性の罪ということである。アラブ人という存在は、スペイン人にとって自らの罪を贖うべき罰であった」。したがって、われわれは誘惑物として乙女の美しさがリンゴにとって代わり、西ゴート最後の王がアダムの代わりを演じるような、

原罪と失楽園のもうひとつの物語を目の当たりにしているのである。ドン・ロドリーゴは罪を犯したがゆえに、神の怒りを買い、スペインはサラセン人によって侵略されて、八世紀もの間、〈辱め〉を受けたのである。同時にダマソ・アロンソが指摘するように[4]、それはホラティウスが触れるようなトロイ滅亡の伝説と、ほぼ完全に類似していることも認めねばならない。つまりパリスとドン・ロドリーゴ、ヘレナとカーバ、トロイの滅亡とスペインの滅亡といった関係である。それぞれのケースにおいて、こうした宗教的・文学的神話に触れることではっきりしてくるのは、今も昔もスペインの歴史家たちにとって、アラブ人は決してスペイン人ではなかったのに対して、ローマ人や西ゴート人はたしかにスペイン人であった、という理由付けの根拠である。彼らの見方によると、イスラム教徒という存在は、漠然と悪や罪を表象しているのである。スペイン人はドン・ロドリーゴの淫欲の罪により、永久に身の潔白を失ってしまった。神は性の生贄とされたスペイン人に対して呪いをかけ、イスラム教徒の存在というものを十字架として課したのである。死ぬことによってしか解き放たれることのない苦しみとして。

【訳註】

（1）　ハビエル・ドミンゴ（Javier Domingo, 1929~）はスペインのジャーナリスト・作家。一九五四年から一九七六年までパリでＡＦＰ通信社のレポーターを務め、スペインに戻ってからは雑誌（*Cambio 16*）と深く関わり、現在バルセローナの『オブセルバドール』紙（*El Observador*）上において活躍。フランスでフランス語による小説やエッセーを発表している。引用箇所は『スペインのエロチシズム』（*L'érotique de l'Espagne*, 1970, *La Erótica hispánica*, 1972）、第三章「モーロ人とキリスト教徒」から。

（2）　『神学士ペドロ・アスナール・カルドナによって著された二巻本。正当なるモリスコ追放の意味とわれらがドン・フェリペ三世カトリック王のキリスト教的卓越性』（Pedro Aznar Cardona, *Expulsion justificada de los Moriscos españoles, y suma de las excellentias christianas del nuestro Rey Don Felipe et Catholico Tercero... Dividida en dos partes, compuesta por Pedro Aznar Cardona, licenciado theologo*（Cabarte, 1612））。

（3）　フランシスコ・デ・ケベードの『夢と語り』（*Sueños y discursos*）の中の四作目「内側からみた世界」（El mundo por de dentro）より（*Sueños y discursos*, Ed. de Felipe C. R. Maldonado, Clásicos Castalia, 1972, 180）。

（4）　Dámaso Alonso, *De los siglos oscuros al de oro*, Gredos,（1958）. Segunda edición 1982, 248-270.

ドン・キホーテ、ドン・ファン、そしてセレスティーナ

十六、十七世紀のスペイン文学において、後にスペイン人の象徴または仮面となるような神話のいくつかが定着した。それはドン・キホーテであり、ドン・ファンであり、セレスティーナである。旧キリスト教徒的な世論を代表する文学（ロマンセーロ、騎士道小説、名誉劇、聖体劇）に対して、それに同調しない少数派（ふつうはコンベルソやその子孫たち）は、既成の価値観を逆転しようとする（大方、あけすけな）意図において共通するような、一連の作品を生み出した。また、〈かくあること〉と〈かくあるべきこと〉の、そして現実と欲求との間に横たわる境界が、越えられない深淵となっているような、箍《たが》の外れた世界像(1)を提示することにおいても共通していた。つまりそ

れは調和というよりはむしろ対立を前提とする文学であった。この時期の文学というのは、自立的で想像的な世界（たとえば『ドン・キホーテ』）とか、逆にブラックユーモアとペシミズムにどっぷりつかった一元的世界を提示することによって、自らの潜在的な挑発力が見えなくしてしまった。神と祖国のために戦う戦士や、信仰の英雄などが体現するカスティーリャ的理想が、人の心を高揚させる壮大な現実と化していくとき、ピカレスク小説はそれとは裏腹な世界を生み出した。つまりアンチ・ヒーロー（反英雄）による陰画の世界である。ピカロは旧キリスト教徒の、純血にして郷士的な血統に対抗して、傲慢な誇り高い態度で、泥棒や犯罪者、死刑執行人、魔女や売春婦などの悪しき血統を対置したのである。エステバニーリョ(2)は、トルコ人やプロテスタントに対抗すべく信仰のために戦い、そしてカリフォルニアからマゼラン海峡までの広大な土地を、スペイン国王の領土に組み入れようとするスペイン人兵士の英雄主義に対して、こういった言葉で答えている。

「だから俺はトルコ人がくたばろうと、ペルシア人がのさばろうと、バリャドリードの望楼が倒れたって、どうといったこともないさ。お天道様の下で腹さらしてりゃいいだけよ……名誉とか体面とかの騙しの言葉などは笑い飛ばしたものさ」

同じエステバニーリョはスペイン軍に兵籍登録をしてこう告白している。「おれは兵になったとはいえどっちつかずで、面倒なことには首を突っ込みたくはなかったんだ。ただ腹いっぱい食っていければ事足りたわけでね……」

つまり「死んだとしても死ぬことがないのです[3]」といった永遠性を求める切羽つまった思いに対しては、あからさまな冷笑的態度で、〈今、ここで〉生きていこうとし続けるのである。つまり脱走の罪で死刑判決を受け、土壇場で免罪されると、後にそれをからかうような調子でこう記すこととなる。「友人たちはがんばるように励ましてくれた。それはみんなが辿らねばならない道だし、連中よりも俺のほうが一歩先を越しているだけだとか言ってね。ところが結局、連中のほうが間違っていた。というのも、俺はしんがりを守ることとなって、連中のほうが先に行ってしまったからね。死刑執行人どもに赦免を与えたり、ミサを求めたり、納得させてもしょせんは無駄だったのさ」。われわれはピカレスク小説において、スペイン人が自らについて付与しようとする高尚なイメージと、非情なまでに対立する反価値的な世界（怯懦、窃盗、嘘言など）の中に身をおく。そして極端な場合には、エステバニーリョ・ゴンサーレスに見るような、卑劣で見下げたものと思われていたような感情や行動を、あえて復権させようとする意図を感じ取るのである。ピカロは社会とその原則からかけ離れた、問題性をはらむ変幻する現在という場所に野営しつつ、現実と理想の間に横たわる〈ノーマンズ・ランド〉〔所有者のない紛争の種となる土地〕に暮らし、そこで行動しているのである。

『ドン・キホーテ』にはピカレスク小説と同様の二重性といったものが反映している。つまりドン・キホーテは自らの欲求を現実とみなし、〈かくあること〉と〈かくあるべきこと〉とを混同している。しかしそのとき、彼のそばにはサンチョ・パンサがいて、彼を通して真実なるものが明らかにされ、空想から現実を隔てる溝といったものが示されるのである。セルバンテス学者たちはかねてより、かの英雄のことを、スペインの軍事力が衰退し、国が危殆に瀕して人々が自信を失っていた時代における、騎士道物語の主役たちのパロディとする解釈を行ってきた。それも一理あるかもしれないが、セルバンテス作品における豊饒性は決してこれに尽きるものではない。ましてや単一の解釈をもって尽きてしまうものではさらさらない。セルバンテスが卓越した手法でもって多面的なアイロニーを繰り出したことで、その作品には無限の解釈の余地が生まれたのである。ドン・キホーテとサンチョは間違いなく同じコインの両面であり、近代におけるスペイン人を形作っている、相反すると同時に互いに補い合う二つの要素（つまり理想主義と物質主義、信仰と懐疑主義など）そのものである。しかし注釈者たちの中で、両者の間で生まれた関係によって、一連の相互的影響や関与が生まれたということを、しっかり捉えた者はきわめて少ない。サンチョが主人に仕えようと決心したときと、ドン・キホーテが〈銀月の騎士〉に敗れて、忠臣サンチョに伴われ、故郷にうらぶれて帰っていくときでは、もはや彼らはかつてのドン・キホーテとサンチョではない。二つの異なる時期を通して、サンチョは〈ドン・キホーテ化〉を来たし、ドン・キホーテはドン・キホーテで、一再ならずサンチョ・パンサのこよなくシニカルな現実主義に感染してしまっている。物質主義者サンチョは主人にずっと仕え続けようとして島の太守の職を投げ出してしまう（「お前さん方はあんのんにお暮らしなせえ。そして公爵さまにこう言ってくだせえ。わしゃ裸で生まれたもんだから、裸になりました、損もしなけりゃ得もしねえ。つまりわしゃ一文無しでこの政府に入り込み、一文無しで出てゆくだから、ほかの島の太守がでてゆくときたあてんでうらはらでがす、とね」〔後篇五三章、合田由訳、以下同様〕）。ドン・キホーテはクラビレーニョの木馬にまたがって行った、空想的で愚弄的な空中旅行に関して、サンチョがうそをついていることに重々承知していたので、彼にこう答えている。「サンチョ、おぬしが天上で見たと申すことを、人に信じてもらいたいと思うなら、拙者はおぬしに、拙者がモンテシーノスの洞穴で目撃したことで、拙者の申すことを、おぬしに信じてもらいたいものじゃ。ところで、このうえ、おぬしには、何も申すまいて」〔同、四一章〕。詩人ルイス・セルヌーダはこれについてこう記している。「おそらくわれわれはここで、ドン・キホーテがサンチョと同じような姿勢を示した、唯一の場面に出くわしたのであろう。ドン・キホーテは、あたかも自らの冒険の真実性を自ら疑っているかのように見えるからである。しかし、その意味するところは決して小さくはない」。骨の髄までスペイン人たるセルバンテス的人物たちは、論理的判断によってではなく、大方は価値観を反映する言葉遣いをもって自己表現をするのである。彼らにとって、道理があるかないかは人間次第であって、思想の客観的真実にあるのではない。これこそ今日でもなお、作者と作品を混同したり、あるいはその背後に隠されているとみなす〈真の自己〉を見出すべく、正規の概念や抽象概念を否定したり、あるいは、しばしば嫌悪感にやみくもに捕らわれたり、〈人物たち〉や不毛で空しい意志のプロセスを、見境なく崇敬したりするスペイン人の国民的特質である。

『セレスティーナ』において初めて価値観の逆転が見られたが、後のピカレスク小説は、それが決定的なきっかけとなって生まれたものである。その時点まで愛というテーマは小説や戯曲において、二つの次元で描かれてきた。つまり上流階級の人々の間で見られたような、ペトラルカ風の高尚な理想的愛と、つましい召使や下人たちの間の〈低俗な〉肉欲的愛である。アメリコ・カストロはいみじくも、フェルナンド・デ・ロハスの作品には、エリーシアやアレウーサのような娼婦が、あたかも貴婦人のように口説かれようと望んでいるのに対して、カリストのメリベーアに対する愛は、ある種の加虐性（サディズム）を帯びた明らかな性愛のかたちを示している、という意味の的確な指摘をしている[4]。

「（メリベーアは強く求めて言う）どうかいつものようなやり方でひどく扱ったりしないで。服を台無しにしてどうするつもりなの？」〔同、一九章〕

娼婦たちはヒロインの高貴な身分を揶揄することを楽しんでいる。そしてアレウーサは旧キリスト教徒的な〈世論〉に苦しめられてきたコンベルソたちの、共通の思いを表現しつつこう語っている。

「この世のうわさなんて、真実とはまるっきりかけ離れているわ。……自分を卑しめる者だけが卑しい人間なのよ。善き行いこそ高貴な血統を生み出すものでしょう、だって誰だってアダムとイヴの子孫じゃないの?」〔九章〕

もしフェルナンド・デ・ロハス（自らも《あの連中》の一人であった）が、新キリスト教徒の視点を明らかにするために、二人の娼婦を描いたとするならば、メリベーアやカリストは、とりわけ後者は、独自のやりかたでキリスト教の反エロス性と、イスラム的官能性とを鋭く対比させたということができる。また遣り手婆のセレスティーナという人物は、源をさかのぼれば、アル・アンダルスのアラブ文学とつながっている。つまり、当時の妖術師すべてがそうであったように、彼女もまた明らかにモーロ女であって、カリストの抑えがたい獣的な情熱を満足させるための必要な手立てとなっていた。カリストは貴族たる騎士ではあったものの、後世のスペイン人たちと同様、イスラムとキリスト教という二つの文明間の対立の犠牲者だったのである。彼はイスラム教徒のあふれんばかりの官能性と、キリスト教徒としてのつらい意識、言い換えると、キリスト教徒の魂とイスラム教徒の肉体を合わせもっている。カトリック両王の時代以降、スペイン人作家たちはあらゆる逸脱、過失、異端性を性に帰してきた（メネンデス・ペラーヨがその典型である）。そして、一五五五年にフライ・フェリペ・デ・メネセスはためらうことなくこう記している。「私見によれば、こうした官能性に傾く性質というのは、元来スペイン民族のものではない」[5]。しかし、現実はそれとは大いに異なっていた。当時のスペイン人は、今日のスペイン人と同様、精神と肉体の間の、いかんともしがたい対立を経験していたのである。

性的快楽に付随する罪の意識というものは、セレスティーナの厭わしく嫌悪すべき肉体的形象のうちにはっきり見て取れる。またカリストのうちには、萌芽として、未来のドン・フアン的神話が秘められている。ドン・フアンは、ティルソからソリーリャにいたるまでの、スペイン文学にたえず登場する人物だが、十八世紀以降は、世界文学にまでその影響力を及ぼしている。ドン・フアンはマラニョンが指摘するような、[6]身の程知らずな同性愛者などではない。彼はまさしくキリスト教とイスラム教という二元性のもたらした産物なのである。したがって、ドン・フアンは本質的なスペイン人として、表面的に見ればハーレム（後宮）と似た部分のある女性共同体ともいうべき修道院において、自らの獲物を捜し求めることになるが、それというのも、かつてのハーレムを懐かしむ気持ちが、そのような行動に彼を駆り立てたからである。カリストとドン・フアンは、スペイン以外には出現しようがなかった。またドン・キホーテやピカレスク小説のアンチ・ヒーローたちもまた、スペインにおけるキリスト教徒、ユダヤ教徒、イスラム教徒の、長年にわたる共存関係の文学的表現である。われわれは今日でもこうした共存関係の痕跡こそ目にするが、それを解消したことによって、われわれのスペイン的性格は、はっきりと規定されることとなったのである。

[訳註]

(1) それを最もよく表すのが、ユダヤ改宗者であった劇作家・詩人フアン・デル・エンシーナ(Juan del Encina, 1468?~1529?)の詩『でたらめ』(*Disparates*)である。これは新旧キリスト教徒の対立を背景とした当時のスペイン社会の〈紛争的カオス〉(フェルナンド・デ・ロハス)を、絶望的かつグロテスクに、エスペルペント的に描いた作品で、A・カストロに言わせると、彼の中では「魂の奥で何かがバシッと折れるような音が聞こえる」(「文学的闘争としての『セレスティーナ』」、訳書『セルバンテスへ向けて』、六〇三頁)。そこには後のゴヤの世界を彷彿させるものがある。

(2) 作者不詳のピカレスク小説『本人によって書かれた、楽しい人物エステバニーリョ・デ・ゴンサレスの人生と行状』(一六四六)の主人公。

(3) サンタ・テレサ・デ・ヘスースの詩「私は己のうちに生きることなく生きています/あまりに高い生を待ち望んでいるからこそ/死んだとしても死ぬことがないのです」から。

(4) A・カストロ「文学的闘争としての『セレスティーナ』」、訳書『セルバンテスへ向けて』、六三九頁。

（5）　『霊魂の光』（Meneses, *Luz del alma Cristiana*, Universidad Pontificia de Salamanca y Fundación Universitaria Española, 1978, I, c.6, 363）。

（6）　グレゴリオ・マラニョン（Gregorio Marañón, 1887~1960）は一九四〇年に発表した博士論文「ドン・ファン伝説の起源」の中でドン・ファンが曖昧な男性性（同性愛）をあえて隠すべく、男性性を誇示しようとしたという説を展開した。

啓蒙の世紀?

スペインはハプスブルク王朝の末期、ほとんど機能不全に陥っていた。科学と貿易、技術が消え去った後、徐々に消え去ろうとしていたのは絵画、詩、小説、演劇であった。いわく言いがたい暗澹たる恐怖に襲われ、厭わしい欲望や夢にでてくるような、男女ともつかぬ夢魔に取りつかれたスペイン人は、今度は律儀で丹念なやりかたで、自己を容赦なく無惨にも刈り取り、内なる悪魔を追放し、根絶やしすることに邁進した。そしてありえないような悪魔祓いのために、貿易や産業、科学や芸術を次々と破綻させていったのである。亡霊は幾度となく押さえ込まれ、排除され、追い払われはしても、いま一度復活していく。亡霊とともに蘇るのは、それを抹殺しようとして、内在性と抽象の階段をさらに一段上ろうとする執拗な努力である。悪魔どもは国中を自由に闊歩し、カトリック両王の最後にして不幸な末裔の精神をとりこにしてしまう。魅惑王カルロス二世は後継者をつくることなく亡くなり、ハプスブルク家の大公カルロスと、ブルボン家のフェリペが角突き合わす長きにわたる血なまぐさい戦争〔スペイン継承戦争（一七〇一～一四年）〕の幕が切って落とされることとなる。ユトレヒト条約によってフランス王朝の勝利が確定した際に、ルイ十四世は「もはやピレネー山脈は存在しない」と述べたが、この言葉はまったく現実を反映してはいなかった。というのもピレネー山脈はそのまま厳としてあり、いつになく峻厳として聳え立っていたからである。スペインは貧窮と迷信、無知のうちに埋没していた。時は止まったまま進まないように見えた。十八世紀スペインの情況を丹念に調べたサラヤ[1]は、次のように指摘している。「王の宮廷は外見では豪華絢爛な装いをしていて、不動性の美と偉大さを称揚しているかのように見える。相も変らぬいつもながらの典礼に従って、宗教儀式と同様の神聖なる儀式に従って機能している。一挙手一投足の振る舞いが伝統的な規範によって定められている」。誰もが昏迷状態に陥っている情況が、田舎の生活にも及んでいた。「スペインの田舎には何の動きもない。先祖伝来のやり方を繰り返しているだけである。いつものやり方で田を耕している。人々は疼くような物質的貧困、精神的荒廃、虚無そのものといっていいような空虚を耐え忍んでいる」。都市での貧困はそれに輪をかけていた。ホベリャーノス[2]はこう記している、「都市の形骸化、かつてはにぎやかで工場や工房、倉庫、店舗などがあったのに、今では教会や修道院、病院などが、自らが引き起こした惨めな状況の中でどうにか生き延びている」。カンポマーネス(3)によると、街に跋扈する乞食や浮浪者の数は、十四万人にのぼった。メレンデス・バルデス(4)はそうした有象無象を、襤褸を身にまとい悪臭をはなち、いつも腹をすかせている連中として描いている。カバルース(5)は苦渋な面持ちで「何ももっていないほとんどすべての人間たちより、すべてをもっているごくわずかな人間の数を数え上げる方が容易だろう」と述べている。この時期のセビーリャには賛美歌を歌う盲人信徒会が存在していた。何と彼らの会則は市当局の認定まで受けていたのである。ホベリャーノスのような精力的な旅行者は、スペインの村々を支配する無気力や、緩慢な死に向って苦しむ姿を、次のような筆致で描いている。日曜日も祝日も「街や広場を支配しているのはけだるい無力感と、〈寂しげな静寂〉だけである」。通行人はあてもなくあちらこちらを彷徨い、退屈で所在なげに、午後の時間をまるごとむだに過ごしている。もしこうした風景に「村々の荒れはてて汚ないさま、住民の貧しさと投げやりな態度」を付け加えるとすれば、ホベリャーノスならずとも寒々とした光景に哀れみのひとつも抱かざるをえなくなろう。われわれのもっている当時に関するあらゆる証拠は、明らかに己が運命に屈服し、眠りこけてしまった陰鬱な国のありようと符合している。カサノヴァ(6)はイベリア半島を訪れた際に、こうした人々の無気力からある種の怒り――それはかなり納得のいくものである――を覚えている「ああ、スペイン人よ、どうしたらお前たちは無気力から立ち直れるのだ！……今では無惨な民族になりはて、情けをかけられる始末。己のみならず世界にとっても無用の長物に化してしまって……お前たちに欠けているものはいったい何なのだ？　強力な革命か、社会全体を揺るがす騒乱か、恐るべき衝突か、再生をもたらす征服か？　お前たちの無気力は単に文明化させれば、それで吹き飛ぶといった体のものではない。腐っている壊疽部分は切断してしまわなければなるまい」。しかし統計の数字はもっと雄弁に語ってくれる。十八世紀の末にスペインの人口はほぼ一千万人を数えていた。そのうち百四十万は非生産的な貴族層で、二十万以上が修道司祭や修道士であった。旧カスティーリャには三人に一人の割合で貴族がいたことになり、ナバーラでは少し下がって五人に一人の割合であった。イベリア半島の工業地域カタルーニャでは、ほぼ三百人につき一人の割合であった。アイルランド人バーナード・ワード[7]はスペイン人が従来から質素であることを誉めそやしていた旅行者や物見高い人々に対して、適確にこう答えている。「世の中には政治的悪徳という名の誤解された美徳というものがあり、産業にとって大きな障害となるものである。スペイン人の質素な生活ぶりというのは、その大部分で怠け癖の原因となっている。衣食の面でわずかなもので満足する者は、三日間で六日間生き延びるために充分なものを手に入れると、三日間しか働かないからである」

サラヤは国を惰眠と無気力から救い出すためには、少数の〈啓蒙主義者〉たちによる超人的な努力が必要だと述べている。フェイホーやホベリャーノス、カダルソ、カンポマーネスなどは偏見や迷信を追放しようとし、他のヨーロッパ諸国と比べてスペインが何世紀もの遅れをとっていることを強調した。彼らは粘り強く啓蒙的な仕事に携わり、社会の進歩にとって最も有益な規律を涵養することに腐心した。ホベリャーノスは債務帳消しの必要を訴え、土地の公正な分配を規定し、スペインにおいて世俗的富の創造と中産階級の強化を妨げてきた心理的慣習を根絶やしにしようとした。彼が飽かず弛まず力説したのは、貿易と産業が国家の繁栄にとって主柱となるべきものであり、その良き例として英国とオランダを挙げた。彼と同時にカンパニー(8)やフォロンダ、カバルースは国民の無知と、同国人の声なき敵意とも果敢に戦った。しかしこうした仕事はあまりにも多大であり、彼らの努力がしかるべく報われることはなかった。カルロス三世の治世下において、〈啓蒙的〉な大臣たち（アランダ、フロリダブランカ、カンポマーネス）の政策により、ある程度の希望をもつことができた。カルロス四世とゴドイの時代になると、あらゆる期待は裏切られてしまった。啓蒙主義者たちはまさに砂漠で説教することとなった。彼らは国家という名の瀕死の幹から生まれ出てきたのではなく、外から接木されたものだったからである。

つまり彼らは百科全書派に入れあげたあげく、スペインにフランス思想を根付かせようとしたのだが、かくも不毛な土地に、そうした思想など生まれようがなかった点を考えもしなかったのである。彼らの文化は輸入されたものであり、その思想的な輝きはアメリコ・カストロが指摘するように、恒星それ自体の光ではなく、反射して光る衛星の放つ輝きにすぎなかった。科学的・人文主義的な規律はスペインの大学から完全に消滅してしまった。カダルソが皮肉を交えて言うように、そこで教えられているのは、数学でも物理学でもなければ、解剖学、自然史、国際法などでもなく、唯一、決疑論と三段論法だけであった。天空の構造についての議論はなされた。ところで天空は教会の鐘のような金属でできているのか、それとももっと軽いワインのような液体でできているのか？　アンドレス・ピケールとビセンテ・カラタユー(9)は、天使たちがリスボンからマドリードまで、人間を空中で運べるか否かという議論を闘わせていた。またデドゥヴィーズ・デュ・デゼール(10)は、ある公爵夫人のことを報告している。彼女は息子の健康を取り戻そうとして、息子に「粉末化した聖イシドロの指を飲み薬と浣腸にして」服用させたとのことである。

フェイホー(11)の魔術や迷信に対する皮肉は無視されてしまった。悪魔や魔女などはスペイン中で猖獗《しょうけつ》をきわめ、終いにはゴヤがそうした連中を銅版画やエッチングに描いて不滅のものとした。異端審問は一八二〇年までスペイン人を苦しめて、知的好奇心を押さえ込んできた。カダルソ(12)はこう述べている。

「今日のスペイン人は自分の著作を世に出そうとする際、とてつもない気遣いを余儀なくされ、印刷に附すときには恐怖でおののく……祖国にとって有益な作品であっても、それを隠しておこうとする者が多くいるのも、そうしたところに原因がある。外国人はスペインで出版される本を見て、スペイン人に対して的を射ていない判断をすることが多い。たしかに判断は間違っているものの、軽々しい判断というわけではない。というのも真に称賛に値する著作といったものは、隠れて世に出ていないからである。私はわずかな人としか交わらないが、知り合いの間であえて主張するのは、あらゆる学問分野において、埋もれた貴重な手稿を掘り出すべきだということである。そうしたものは現在、墓の中に埃をかぶって眠っていて、一度として取り出されたことがないのである……他の者たちについてもこんなことが言える、つまり一冊の折本を世に出したとしても、九十九の折本をまだ残してもっている、ということである」

かつての時代と同様、〔この時期（啓蒙時代）における〕異端審問所の弾圧というのは、知的な分野と性的なそれという二つの分野で行われてきた。すでにスペインからユダヤ人もモーロ人も去って久しいにもかかわらず、異端審問官はユダヤ的な知的関心と、イスラム的な官能性に対する古来の亡霊といったものに未だに憑かれたままであった。知的活動は休止していたため、知的覚醒は外部からやってくるのを待つしかなかった。そこで異端審問所はあらゆる手段をとって、そうした動きを食い止めようと躍起になった。すでに見たとおり、カトリック両王は一五〇二年に、追放ユダヤ人のものの見方が世の中に広がることを妨げようとして、洋書の輸入を禁止する措置をとっていた。彼らは亡命先のフランスやイギリス、オランダなどで自由な言論活動をしていたからである。十八世紀において監視の目は、主として百科全書派の思想に向けられていた。ヴォルテール、ルソー、モンテスキュー、ディドロ、ダランベール、ホルバッハ、ミラボーなどの書物が迫害の対象とされた。海軍将校の一人が、ヴォルテールの像を家においていたことで糾弾されるはめになった。ルソーの『告白』に対する審問官たちの報告者を読めば、前にわれわれが触れた二重の強迫観念といったものが浮かび上がる。この本の著者は異端者・無神論者であるのみならず、進んで「猥褻なことを描き」、「読者に卑猥で不純な思想を掻き立てるような、現実や虚構の入り混じった異性たちとの話を語っている」。オラビデ[13]が異端審問所の法廷に出頭した際、起訴状には「異端者」というだけでは事足らず、「女性の裸体」を描いた絵画をいくつか所持していた点にも触れられていた。しかし惰眠をむさぼるスペインに対する啓蒙主義者たちの戦いというのは、さらにずっと広範なものであったはずである。ブランコ・ホワイトが苦々しい思いで述べたのは、自分自身の思想をもっていたスペイン人の数を知ろうと思ったら、異端審問所の記録に当たってみるだけでいい、ということである。知ってか知らずか、ブランコが彼ならではの言い方で繰り返すのは、ボシュエ[14]が述べた例の有名な言葉である。「異端者とはひとつの意見をもっている人間のことである」。読者の不安を除くために付け加えるとすれば、以前からスペインには異端者はほとんど存在しなかった。

［訳註］

（1）　サラヤ（Jean Sarrailh, 1891~1964）は十八世紀、十九世紀スペインの文化史を専門とするフランス人歴史家。『マドリード摂政下の反革命』（一九三〇）や『十八世紀後半の啓蒙スペイン』（一九五四）などの著作が知られている。

（2）　ホベリャーノス（Gaspar Melchor de Jovellanos, 1744~1811）はスペイン法学者・百科全書派知識人。十八世紀最大の啓蒙思想家。スペインにルソーを持ち込もうとして逮捕され、マリョルカ島に追放され、ベルベル城に六年もの間、厳しい監視のもとで幽閉された。フランスのスペイン支配時代（一八〇八～一八一四）に中央会議を組織してホセ・ボナパルト（ナポレオン一世の兄）に抵抗した。教育を始めとする国家的問題に関する多くの著作を残している。

（3）　カンポマーネス（Pedro Rodríguez Campomanes, 1723~1803）はスペインの政治家。スペイン再生に最大の努力を払った人物で、カルロス三世によって財務大臣に任命され、政府の財政政策で大ナタを振るった。スペイン王立歴史アカデミーの会員。

（4）　メレンデス・バルデス（Juan Meléndez Valdés, 1754~1817）はバダホス生まれのスペインの詩人で芸術の普及に尽くした人物。フランス文化に強い関心を抱き、実際にモンペリエに移住して、フランス詩やフランス文化にどっぷりと浸かった。詩作品に『バティロ』、『アナクレオーンの恋人たち』、『富者カマーチョの婚礼』などがある。

（5）　カバルース（Francisco Cabarrús Lalanne, 1752~1810）はフランス生まれの財政家でのちにスペインに帰化した。一七八二年にスペインで最初の銀行サン・カルロス銀行を開設した。カルロス四世とホセ・ボナパルト（ホセ一世）の治世に財務大臣としての重責を担った。

（6）　カサノヴァ（Giacomo Casanova, 1725~1798）はヴェネツィア生まれの作家・術策家。その華麗な女性遍歴を『わが生涯の物語』（邦訳『カサノヴァ回想録』）に著した。二十作以上の作品をもつ作家としてのみならず、外交官、スパイ、政治家、哲学者、魔術師などさまざまな顔をもつ。

（7）　バーナード・ワード（Bernardo Ward, ?~1779）はアイルランド生まれのスペインの経済学者・政治家。フェルナンド四世の命によってスペイン各地を視察し、スペインの経済改革のための資料を収集し、商務院（Junta de Comercio）の顧問として政策の立案に当たった。

（8）　カンパニー（Antonio Campany Surís y de Montpaláu, 1752~1813）はスペインの軍人、哲学者、歴史家、経済学者、政治家。カディス議会の代議員。

（9）　アンドレス・ピケール（Andrés Piquer, 1771~1772）はスペインの医者・哲学者・論理学者。スコラ哲学も通暁しつつも、外国の啓蒙思想にも惹かれ、その著作（『近代論理学』）により、スペイン啓蒙主義の普及に一役買った。神学者ビセンテ・カラタユー（Vicente Calatayud, ?~1771）の著書『宗教研究のためにアリストテレス哲学を選ぶ理由に関する博識的書簡』のなかで扱われた、天使が空を飛ぶという説をはっきり退けた。

（10）　デドゥヴィーズ・デュ・デゼール（Georges Desdevise du Dézert, 1854~1942）はフランスの歴史家、小説家、詩人、文芸評論家。多くの著書の中でも特筆すべきは、『ヴィアナの王子ドン・カルロス――十五世紀の北スペインについての研究』（一八八九）および『旧体制のスペイン』（一八八九）である。ペンネームはジャン・ラルエット（Jean Lalouette）。

（11）　フェイホー（Benito Jerónimo Feijoo, 1676~1764）は、十八世紀スペインのエッセイスト、賢人、啓蒙家。カルロス三世が推進した改革の礎となった〈第一次スペイン啓蒙運動〉（Primera Ilustración Española）の有力メンバーの一人で、スペイン文学史上最初の随筆家。サラマンカ大学で学んだ後、ベネディクト派の聖職者となり、サラマンカ大学を始めとするいくつかの大学で神学の講座を持った。正統的カトリックの神学者でありながら、自らを〈文学共和国の自由市民〉と称し〈民衆の過ち〉を根絶やしにすべく、もろもろの迷信を追放し、あらゆる進取の科学的知見を取り入れて国の近代化のための努力した。代表的著書として八巻からなる『万象批評』（*Teatro crítico universal*, 1724~1739）がある。

（12）　カダルソ（José Cadalso, 1741~82）はスペインの作家、劇作家、詩人で、アナクレオーン風の諷刺詩の他に、主著として『モロッコ書簡』（一七八九）や『哀愁の夜』（一七九二）が知られている。前者はスペイン社会への痛烈な批判であり、後者はロマン主義の先駆的作品である。

（13）　オラビデ（Pablo Antonio José de Olavide y Jáuregui, 1725~1803）はペルー生まれのスペイン人作家、翻訳者、法学者、政治家。サンティヤゴ騎士団員。「アンダルシーアとシエラ・モレーナ山の新しい村」といった実験的な再入植活動に従事し、さらに教育改革、農業改革に邁進した結果、保守主義者ににらまれ、異端審問の追及をかわすべくフランスに亡命し（一七八〇）、その地で没した。

（14）　ボシュエ（Jacques-Bénigne Bossuet, 1627~1704）はフランスの宗教家、作家。モーの司祭を務め、その名説教を買われて王の庇護を受け、フランス教会の主宰者となった。彼のこの名文句の出所は「教会の約束に関する最初の司牧的教説」（Bossuet édit. Lachat, t. XVII, 1875, 112）から。正確には以下のとおり。「異端とはひとつの意見を持つ者の謂いである。言葉本来の意味が示すとおりである。それでは意見を持つとはどういうことか。自らの考えと感情に従うことである。しかしカトリックはカトリックである、つまり普遍的である。個人的な感情を抜きにして、ためらうことなく教会に従うことである」

ゴヤの世界

ここで、天才画家ゴヤのおかげで、われわれの知るところとなった千八百年当時のスペイン社会について検討してみよう。マドリードを中心に集まっていた貴族階級は、かなり以前から下層階級の好みや嗜好を受け入れ自らのものとしていた。民衆的な夜祭とか闘牛の催しなどが、宮廷の歓迎会や宗教的儀礼などと競って行われた。遠くに見える首都の灰色がかった黄土色の建物を背景にして、馬車や野外テント、日傘といったものが、にぎやかな『聖イシドロの日の原』を彩っている。ゴヤは当時の物憂い国民生活を髣髴させるような、じつに印象深い人物像をたくさん描いている。各々がふさわしい礼服や制服を身につけ、勲章や色鮮やかな帯、剣、宝石、ペンダント、首飾りなどで身を飾った大臣、公爵夫人、スペインの大公、親王や王子たちなどである。しかし間違いなく、何にもまして異例とも思えるのが、プラド美術館に保存されているカルロス四世の家族の肖像である。ベラスケスがハプスブルク家の王（不運のカルロス二世を含む）や王子たちを、絵筆をもって賛美し理想化して描いたのに対し、ゴヤの描き方には全くもって情け容赦がない。観る者は画家が酷いまでに露骨に、国王と王妃マリア・ルイサの醜い容貌を描いたことに度肝を抜かれ、国王夫妻がどうしてこれほどの侮辱を見過ごしたのかと、不思議に思うはずである。おそらく現実は虚構をはるかに超えていた、というのがことの真相であったろう。ナポレオンは王妃について語る際に「妻にも心があり、自分の容貌については語るべきことが多々あろう。それは人の想像をはるかに超えている[1]」と述べてはいなかったか。何はともあれ、ゴヤが王室の権威などまったく意に介さなかったことだけは、はっきりしている。アンドレ・マルローが指摘するように[2]、彼の眼に、王という存在は「この世にあまねき不条理の象徴」と映ったのである。ジョン・ドス・パソスは近年の回想録の中で、王制崩壊の少し前に訪れたマドリード王宮のことに触れ、第二共和制に先立つ最後のスペイン王〔アルフォンソ十三世〕の蝋細工のような顔と、死んだような眼、突き出た顎について叙述しているが、悪夢の結果は〔ゴヤの場合と〕同一であった。

ブランコ・ホワイトは称賛すべき『スペインからの書簡』（*Letters from Spain*）の中で、王妃や王妃の寵臣ゴドイの口添えのおかげで、役職や儲け仕事を手に入れようとして、スペイン中から首都にやってくる求職者や宮廷人の生態を、皮肉をこめて描いている。

「マドリードでも御用地でも賃貸馬車といったものはなかったので、こうしたなり立ての判事や監督官、知事などが、ご丁寧な化粧を施し、綺羅を飾ってお出ましになり、泥道を通って行かねばならない姿を見るにつけ、同情やら苦笑いやらもれてくる始末だった。彼らは袖口やベストの部分に、ぴったりきれいにとりつけたレースや飾り結び、フリルなどをしばしば心配そうに見やり、隠そうと躍起になっていた、汚れて色あせたワイシャツを、ひょっとして誰かにとがめられるのではないかとやたらと気を回すのである。こうして宮殿にやっとの思いで到着すると、何時間も回廊などをぶらぶらして時間をつぶし、挙句の果てにやっとのことで、期待を繋ぐべき大臣やら上官やらにお目通りがかなう、という次第である。こうしたお勤めを終えると、幸運に恵まれてどこかからのご招待がないかぎり、質素そのもののわずかな食事をとりに家路につくのである。夕刻時には王家の人々が毎日のように空気を吸いに野外に出てこられる散歩に、自分たちもご一緒するのが日課となる。その後は、もし運よくご挨拶に伺う許しを得たあかつきには、宮廷のどこかの淑女の夜会に出席などしたりして、その日は終わるのである。もし首都で何らかの便益を期待する必要もなく、マドリードや御用地を訪れる者たちは、こうした面白い光景をみてしばしの気晴らしができる、というものである。それはそれとして、スペインの首都は物悲しくも、お高くとまっていて、礼儀作法にうるさく、誰一人そこで楽しみなど見つけることはできまい(3)」。

ゴヤは王族や宮廷人、貴族などの肖像画と並んで、当時のスペイン人の生活を個性豊なタッチで素晴らしい絵にして残している。社会に向けるゴヤの眼というのは、単に理性的で透徹しているだけではない。そうであると同時に、今日なら〈ニーチェ的〉と呼んでもいいような次元をもっている。絵画史上初めて、ゴヤにおいて批判的精神はサドのごとく、道徳的次元を捨てて、道徳をはるかに超えた深く暗い領域に根を下ろそうとしたのである。ゴヤは『気まぐれ』とか『戦争の惨禍』『でたらめ』といった作品において、スペイン人の潜在意識を支配する悪魔たちに、あえてあからさまに立ち向かおうとした。何世紀もの間、正体を隠したままだった怪物や悪夢、亡霊たちが、ゴヤによって解き放たれ、いきなり暗いねぐらを出てきて、恐ろしくも痛ましいその正体を現した。マルローの言うように、ゴヤの声はただ単に彼の声であったわけではない。抑圧されたスペインそのものの声でもあった。カトリック両王時代以来、知的閉塞感が強まり、状況がより悪化していくにつれ、ユダヤ的血統に連なる作家たちは安全を図るべく自分ひとりの世界にこもり、斜に構えた遠まわしなやり方で、旧キリスト教徒の世論の専横に対して、異議申し立てを行ったのである。サンタ・テレサやフライ・ルイス・デ・レオンにおける理想的世界への逃避や、マテオ・アレマンにおける宇宙的規模のペシミズム、セルバンテスにおけるアイロニーの世界。それはつい最近まで理解されなかったか、誤解されてきたが、スペイン文学史上、あらゆる時代を通して最も重要で内容の濃い作品を生むきっかけとなった。十八世紀の啓蒙主義者たちは、当時わがもの顔でのさばっていた抑圧と蒙昧主義に叛逆せんとしたが、それは理性という純然たる防御的な方法によってであった。彼らの文学は迷信を封じ込め、無知と戦い、民衆を啓蒙するという程度にしたがって、〈社会派〉文学となったとはいえ、カスティーリャの帝国的偉大さが依拠している、美的、宗教的、道徳的な神話への異議申し立ては、想像力の広がりを欠いていて、地上と同じレベルの陳腐な批判にすぎなかった。ところがゴヤにおいて、しばしば逆上といった趣があるものの、想像力と理性が完全に手を取り合っているだけではない。われわれはゴヤにおいて、またゴヤ以外にはないことだが、自らが異議を唱える歴史文化的な神話のそれをはるかに超えるような、真実と強度をそなえた世界を目の当たりにするのである。彼の作品はニーチェやロートレアモン、サドなどといった、孤独な挑戦を行った芸術家のそれと符合している。悪魔や怪物に追い回される女たちの、よそよそしく、どうでもいいような表情のないこうした顔つきは、どこかジュスティーヌの驚くべき態度と似通っていないだろうか。実際サドの描くヒロインは自分が出会う放蕩者たちから受ける一連の陵辱や拷問を落ち着き払って堪え忍んでいる。彼女はゴヤの描く女たちと同様、意志や知性、記憶の完全な欠如によって、無邪気で動物的な忘我状態にずっと置かれるのである。マルローは近代絵画の父たるゴヤに関する有名なエッセーで、こう指摘している。「ボッシュは人間を地獄界に引き入れたが、ゴヤは地獄を人間界へと引きいれる」〔同書、一五四頁〕。ゴヤは意図的にベラスケスの調和的意志を解体し、熟慮された芸術的要素としての恐怖を復権させようとしたのである。「彼の想像力は猫の眼のように夜の間しか光り輝くことはなかった」。しかしゴヤの描く悪魔たちは病的な想像力の産物ではない。侵略者との戦争や国民的抵抗からくる恐怖によって荒廃したスペインの地上に、突然ごそごそと遠慮会釈もなく現れ出てきた魔女や胎児、巨人、侏儒《こびと》、トンボ人間、空飛ぶ犬や雄牛、悪魔的な雄山羊、男女の夢魔といった有象無象は、ゴヤの版画やエッチングを通して、度肝を抜かすような輝かしい姿でもって広く知られる以前から、スペイン人の意識の中にすでに存在していたのである。

中世後期以来、資料によって悪魔祓い、薫香、生贄、悪霊憑依、魔女集会などが実際に行われたという事実が残っている。スペインの魔女は雄山羊や箒、杖などにまたがって空想上の空中飛行を行っている。カトリック両王期において、人々の間では、悪魔の呪いや呼び出しはもっぱらモリスコが行うものと信じられていた。悪魔は通常アラビア語を用いてやりとりし、性に関する事柄に強い関心を向けた。一五三七年に異端審問所は悪魔と性的関係を結んだと告白した五十人ほどの女性たちを捕らえた。悪魔はある時はがっしりとした毛むくじゃらの男として、またある時はまっ黒の山羊のかたちをとって、女たちの前に現れるのがふつうであった。モリスコのロマン・ラミーレスは同時代のルイス・デ・アラルコンの劇中人物のひとりのモデル(4)となった人物だが、空中を馬に乗って旅し、悪魔と契約を結んだということを罪に問われ、投獄されたあげく、一六〇〇年には異端審問所に告発されてしまった。その十年後、サテュロスの姿をとった悪魔がナバーラの二つの村で魔女の夜会を主宰し、出席者たちは跪き、接吻をして悪魔を崇拝し、その後ミサを愚弄して穢してから、あらゆる卑猥なことに手を染めたとされる。被告たちは黒魔術を行っただけでなく、同性愛、殺人、幼児虐待などを犯したことも認めた。黄金世紀の作家たちもまた作品の中で巫術師や悪魔の存在について触れている。セルバンテスは『犬の対話』の中で、三人の女妖術師の奇跡を皮肉たっぷりに描いている。またドン・キホーテは木馬クラビレーニョの楽しい空中飛行の話で、トラルバ学士のエピソードを紹介している〔後篇、四一章〕。彼は悪魔たちによってローマまで連れて行かれ、ブルボン伯爵の軍隊によって街が略奪された様子を見せてもらう。人々の信ずるところによると、彼は半日の飛行をして再びバリャドリードに戻ったとのことであった。マリーア・デ・サヤス(5)は『罪なき処罰』(*La inocencia castigada*)の中で、あるモーロ人巫術師が、蝋で作ったある女性の裸体像とピンで刺し貫いた心臓でもって、その女性から袖にされた伊達男が本物の相手をものにできるように取り計らうという話を描いている。

しかしすべての妖術が、民衆的想像の産物というほど空想的であったわけでもなければ、逆に、セルバンテスが描いてみせたように無害であったというわけでもない。ずっと現実的で具体的な悪魔どもが〈汚れた〉血をひく、つまりユダヤ教徒や異端者の疑いをかけられた数多くのスペイン人たちを脅かしていたからである。その同国人たちは内なる敵の亡霊に取り憑かれていて、異端審問所はそうした亡霊と戦うために密告、監視、拷問といったものすごい装置を組み立てたのである。神学者たちは拷問というのは社会全体のためになるだけでなく、罪人自身にとっても役立つものとしてそれを認めた。司法官ゴンサーロ・スアレス・デ・ラ・パス[6]は各種の責め道具とその効能について列挙している。「もっともよく使用されるものの第一は水責め、綱吊り、第二が滑車吊り、第三が不眠責めである。他にも煉瓦責め、当て木責めなどがある……」。性と知性という二重の抑圧はスペイン人の心に深いトラウマを残したが、ゴヤに至るまで誰一人、深層心理に埋もれた部分に光を当てた者はなかった。ゴヤは後にバルザックが試みたように、〈戸籍簿と競い合おう[7]〉などとはしなかった。つまり今風の言い方をするなら、彼の目的はむしろスペイン人の心理分析をすることであった。ゴヤ芸術がしっかり踏まえていたのは、模倣のために〈現実〉を追い回すことではなく、夢を通して見えてくる真実を探ること、潜在意識に大胆な探りを入れることであった。われわれはここにおいて再び、その試みがサドやニーチェと密接につながっているとみなしうるのである。サドが（国家理性から宗教的供犠にいたるまで）人間的条件に付随する暴力――そのときまで道徳律や形而上学の口実のもとで覆い隠されていた――を白日の下に暴きだし、理性によって説明しきれなかった、性と暗く結びついた残忍な衝動の存在を明らかにしたとき、彼はこの上なく重要な治療法をもたらしたのである（一般化した〈サディスティック〉という言葉を見れば、その時まで名辞のなかったこの種の衝動が普遍的現実であることがはっきり裏書きされる）。ジョルジュ・バタイユは次のように書いている。「一般的にいって、死刑執行人は既成権力の名において行使する暴力の言語ではなく、権力の言語を用いるものである。彼はそうすることに対して見せ掛け的に言い訳をし、正当化し、敬意を払うべき理由があるとする。暴力を振るう者は口を噤んだり、そうした欺瞞性に順応する傾向がある。彼にしてみると、欺瞞の精神によって暴力への扉が開くのである。人が苦しみを与える熱望をどれだけもつかによって、正式な死刑執行人が容易に機能を果たすかどうかが決まってくる。彼が隣人たちに話すとしたら、それは国家の言語である。もし情念を支配下において行動するとすれば、そうすることを楽しむ抜けめのない沈黙こそ、彼にとって都合のいい唯一の快楽である……かくてサドの態度は死刑執行人のそれとは対極的である。むしろ正反対といってもいい(8)」。近代絵画の父ゴヤはフロイトやシュールレアリスムの知的冒険を予見させる。スペイン人がその中で自らの長年の禁制を解放してきたアウト・ダ・フェとか闘牛といった催し物は、ゴヤをまって初めてひとつの解釈というものを獲得した。それはフォークロアや絵画的なるものの魅力あふれる外見を捨象し、なによりもリアルで深みのある動機付けという内奥を見透すものである。

ゴヤは『戦争の惨禍』の中で、スペイン人の歴史を今日に至るまで支配することになる、病態循環（ciclo clínico）の法則といったものを予言しているように見える。そしてその循環によると、逆上して分別を失うことで起きる危機（革命、内戦）といったものが過ぎると、次には長い期間の静寂と鈍化、気だるさ（力に頼る体制、軍事独裁）といった状態がやってくる。スペイン人は十六世紀以降、政治的・宗教的にどのような選択をしようと、その如何にかかわらず、幻の一枚岩的統一のために、血統間の共存を犠牲にし、偏狭的精神をもって美徳とするようになった。十九世紀後半で最も重要な人物のうちの一人、マルセリーノ・メネンデス・ペラーヨはスペイン人の大多数がもっていた見解といったものを、こう要約している。「いわゆる寛容とは安易な美徳である。もっとはっきり言ってしまえば、懐疑主義と空虚な信仰の時代の病である。何も信じなければ、何も期待しない、魂の救済に腐心したり、破滅に悲しんだりすることもない人間は、容易に寛容になれる。しかし性格が従順だということは、とりもなおさず、知性が脆弱で去勢されていることを意味する」[9]。こうした心理学的条件に照らしてみれば、スペイン社会が実行可能な共存方式を、容易に作り上げることができなかったことだけははっきりしている。つまり致命的なまでの国民的不和が、十九世紀のカルリスタ戦争や、一九三六年から三九年までの百万もの死者を生み出す原因であったにちがいないからである。もしラーラ[10]が皮肉を込めて言ったように、「スペインはいつも人間を二種類に分けてきた。それは捕まえられる側の人間と捕まえる側の人間だ」とすると、ゴヤが視覚芸術の前提とするものは、不安を掻き立てる予言をあえてどれほど口に出すかという基準に照らしてみても、きわめて厳しい警告である。版画に強迫観念的に次から次に出てくる、銃殺され吊るされ、切断された死体の数々は、後にスペインの地を血染めにする処刑や殺戮を想起させずにはおかない。火事、略奪、殺人、強姦といったものは、〈経験に基づいて〉(*a posteriori*)みれば、不吉で予感的な意味合いをもってくる。ゴヤの中には、あらゆる時代で口実を求め、口実を見出して出現する、そうした潜在的暴力に対する告発が、あらゆる虚飾を排したかたちで示されている。政治・社会・文化・芸術の諸問題における市民間の対立抗争が、スペイン人の間では相手に対するとてつもない暴力となってしまう理由はつまり、相手が他者そのものだからである。つまり対立する思想・信条による対立抗争であることに間違いはない。しかしスペイン人特有の長々と尾をひく残虐性や厳格性というのは、〈兄弟殺し〉(cainismo)とかつての遺恨によってしか説明がつかない。(価値と反価値の不可避的な二律背反に土台を据えた）ヨーロッパの他の国々では、そうしたことは起こりえなったはずである。しかしアメリコ・カストロがいみじくも指摘するように、われわれはスペインとヨーロッパ諸国とを同等に扱うべきではない。著名な歴史学者カストロはこう記している、「十六、七世紀の西洋において、カトリックとプロテスタントは互いに殺しあったが、それはスペインのように体面にかかわる問題によってではなく、至上権の問題や、信条・経済活動・学問批判の自由の問題によってであった。つまるところ、客観的な理由であって、実存的・内在的な理由ではなかった[11]」。すでに見てきたように、スペインにおいては、名誉の問題はつねに経済的利害に勝っていたのである（「体面なき船団よりも、船団なき体面のほうがまし」とは十九世紀中葉にメンデス・ヌーニェス提督[12]が語った言葉）。そして大多数のスペイン人の間にやっと近代工業社会の価値観が根付いて、経済発展と観光業の振興が始まり、現在の〈再ユダヤ化〉とも呼ぶべきプロセスに立ち会うこととなるのには、六〇年代を待たねばならなかった。

［訳註］

（1）　ナポレオンがバイヨンヌでタレーランに出会った後に、彼に書き送った言葉。マリア・ルイサは確かに美しくはなかったが、権力を行使することで魅力で欠ける部分を埋め合わせた。カルロス四世とは父方の従兄妹にあたり、十四歳で王と結婚したが、淫乱な性格であったため多くの愛人をもった。そのうち最大の愛人が宰相マヌエル・ゴドイであった。

（2）　アンドレ・マルロー『ゴヤ論』（竹本忠雄訳、新潮社、二一二頁）。

（3）　José Blanco White, *Cartas de España*, Clásicos Andaluces, Fundación José Manuel Lara, Sevilla, 2004, 281-282.

（4）　ルイス・デ・アラルコン（Juan Ruiz de Alarcón y Mendoza, 1580~1639）はメキシコ生まれの劇作家。スペインのサラマンカ大学に学んでから再び帰国し、再度スペインに赴いて、インディアス審議会で公務についた。最もよく知られた作品は『疑わしい真実』でコルネイユ（『嘘つき男』）やゴルドーニに着想を与えた。生涯で二十五篇の戯曲を書き、黄金世紀の偉大な劇作家のひとりに数えられる。ロマン・ラミーレスは悪魔に魂を売った人物として、異端審問によって捕縛された人物だが、アラルコンは彼のケースを最も成功した戯曲『悪い行いには悪い報い』（*Quien mal anda en mal acaba*）で取り上げた。

（5）　マリーア・デ・サヤス（María de Zayas y Sotomayor, 1590~1660?）はスペインの女流作家、詩人。《愛の幻滅》シリーズの中の一巻。ある誤解によって無辜の女性（ドーニャ・イネス）が誘拐され、長い間狭い場所に閉じ込められて拷問を受けるという悲劇的小説。

（6）　ゴンサーロ・スアレス・デ・ラ・パス（Gonzalo Suárez de la Paz, 15?~1590）はサラマンカの裁判官。『教会および世俗の実践』（*Praxis ecclesiastica, et secularis*, 1739, 232-249）の中で細かく拷問の方法について述べている。

（7）　バルザックは自らの小説技法として、人間には《種》があるとの前提で、性格、境遇、職業に関して、集めうるあらゆる情報を徹底的に集め、それを詳細に描こうとした。そのことを『人間喜劇』の序文で「戸籍簿と競う」という表現をしている。

（8） *L'Erotisme*, Ed. de Minuit, Collection "Arguments", 1957, 209-210.（訳書『エロチシズム』、室淳介訳、ダヴィッド社、二〇五–二〇六頁）。

（9） 十九世紀最大の文学史家であるメネンデス・ペラーヨは一八八一年にマドリードのレティロ公園で開催されたカルデロン没二百周年の記念式典にて、革新的な近代主義者のフランシスコ・ヒネール・デ・ロス・リーオスに対抗して《レティロの乾杯》(el brindis del Retiro) として知られる演説を行った。引用はそこから。そこで「寛容は安易な美徳」という言葉が発せられた。

（10） ラーラ（Mariano josé de Larra y Sánchez de Castro, 1809~1837）は、マドリード生まれのエッセイスト、諷刺散文家。主として《フィガロ》というペンネームで評論を発表した。父親がフランス軍の軍医であった関係上、ナポレオン戦争時にフランスに亡命し、独立戦争後スペインに帰朝し、文筆活動を開始。雑誌『哀れな饒舌家』(*El Pobrecito Hablador*) を創刊。そこで当時のスペイン社会に対する辛辣な批判を展開した。また戯曲『マシアス』でロマンチックな愛の悲劇を描いた。最期は人妻との恋のいざこざから自殺を遂げた。引用文は『フィガロの論文集』(*Colección de Artículos de Figaro*, 1844, 307) より。

（11） この引用箇所は定かではないが、アメリコ・カストロは同じ趣旨のことを『葛藤の時代について』（訳書、六四頁）「名誉と体面」に関連して「スペイン人の間に見られる存在論的な共通分母というものは、ヨーロッパ人の間では類を見ないものである」と述べている。

（12） メンデス・ヌーニェス（Casto Secundino María Méndez Núñez, 1824~1869）はスペインの海軍提督。スペインとペルー、チリとの間のチンチャ島戦争で、太平洋のスペイン海軍の指揮を執った。軍艦で世界一周を成し遂げた最初の人物として知られる。

スペインにおける聖書

一八三六年一月一日、英国聖書協会の委託を受けて、後にマドリードの多くの友人たちから〈イギリス人ドン・ホルヒート〉として知られるようになる、ジョージ・ボロー(1)という人物が福音書の光明をわが国に広めんとする目的で、ポルトガルを越えてスペインに入ってきた。バダホスでジプシー一族と遭遇した彼は、彼らの生活習慣と言語に精通していたので(ボロー自身が嬉々として伝えるところでは、十指に余る外国語を完全に身につけていたらしい)、すぐに彼らと意気投合し、仲間のひとりを護衛につけてもらったり、あるジプシー女から結婚のプロポーズを受けたりすることもあった。この女は首都まで彼の後についていって、そこで盗みを働いたり、運勢占いをするつもりだったと打ち明けている。ボローはロバに乗ってマドリードに入り、サルサ通りにある典型的な旅籠に投宿する。そして役所に出向いてスペイン語による註釈なしの聖書（新約・旧約）を出版する許可を得ようと折衝をする間に、有名なグランハの反乱(2)をきっかけに市街戦が勃発するのを目撃することとなる。同年十月に、聖書協会に自らの企画を報告しにイギリスに赴き、そこで承認を得たボローは再びスペインに舞い戻り、十一月二十二日にカディスに上陸する。彼はドン・カルロスに味方する組織の者たち〔カルリスタ〕の手によって荒廃させられたアンダルシーアを通って、無事にマドリードに到着し、その地においてついに聖書を村々で個人的に頒布するという念願の許可証を手に入れる。引き続いて旧カスティーリャ、レオン、ガリシア、アストゥーリアスにおいて、長く多難な宣伝旅行を実行するのである。マドリードに戻ってから、自らの手になる聖ルカによる福音書のカロ語〔ジプシー語〕翻訳、および同福音書のバスク語翻訳を世に出すが、改宗勧誘的な活動が保守層や聖職者たちの激しい反発を買ってしまった。一八三八年一月、警察当局はボローの開いた書店にあった書物を押収し、五月にはボロー自身も不敬罪により投獄されてしまった。英国大使の精力的な口利きによって解放された彼は、物怖じすることなく再び、両カスティーリャにおける聖書普及に邁進し、再度本国イギリスに赴くと、上長たちと状況について議論を交わし、持ち前の思想と独自の計画を彼らに承諾させた。ボローは見解の相違を乗り越えて、最後の三度目となるスペイン赴任を果たし、カディスからマドリードへと、マドリードからセビーリャへと、途中いろいろな困難や障害に遭遇しても臆することなく、倦まず弛まず、個性的な普及活動を行ったのである。とはいうものの、彼の健康は心もとない状態となり、一八四〇年についに故国イギリスへ向けて発つことになった。その二年後にイベリア半島における自らの体験と出来事を綴った『スペインにおける聖書』(*La Biblia en España*) が出版された。これによってボローはしかるべき名声を即座に獲得することとなる。おそらくこの本はすでに触れたブランコ・ホワイトの『スペインからの書簡』と並んで、十九世紀前半のスペインとスペイン人に関してわれわれが有している、最も新鮮で生き生きとした、貴重にして啓蒙的な人間的記録と言っていいだろう。翻訳者のマヌエル・アサーニャが述べているように、「ボローは素手でスペイン的現実に立ち向かった。スペインを包囲し、少しずつ支配していった。ボローならではのじっくり攻め立てる方法によって、ついには生命感あふれる一つのスペイン像を打ち建てたのである。……百姓、馬引き、旅籠の主人、ジプシー、村の司祭、田舎の村長、物乞い、牧人といった人物たちがわれわれの前を通り過ぎる。彼らの素振りや話し方を見ていると、旧来の知人と会っているような気分になる。ピカロもいれば聖人もいる。すばしこい連中もいれば動作の鈍い者もいる。ほとんどの人間が荒削りだが、なかには気高い精神をもつ者も数多くいる。しかし一様に紛うことなき家族的雰囲気のもとで一致団結している。本当のところ、かなりがさつでならず者的なところがあるとはいえ、憎めない連中である……。さらにボローは田舎の風景を素晴らしい筆致で描いている。そして田舎を感じ取り、完全に近代的といえる方法でそれを解釈している。かくてドン・ホルヘ（ジョージ・ボローのスペインでの愛称）は、実際にスペインに残されているものを発見し、それを描いたのである。樹木は根こそぎにされ、芝生は夏枯れし、沃土は多くの部分で押し流され、びくともしないごつごつした岩山が、醜い姿をさらしているだけである[3]」

今日の読者は亡命者（ブランコ・ホワイト）と外国人（ボロー）の各々の作品が、当時の最も重要な二つの証言としてどういう意味をもっているのか、そこのところをよく検討してみる必要がある。はっきりしているのは、ブランコがテムズ川のほとりに居を移し、そこで執筆活動を行うことで、革命的な叛乱の渦に巻き込まれ、保守的な政府による死者の平和に押しつぶされていたスペインの同僚たちが手に入れることのできなかった、物事を自分の頭で、自由に判断する環境を享受していたということである。しかしそれではボローはどうか。彼がスペインに滞在した期間はあわせても三年足らずであり、反対とは言わないまでもスペイン人とは知的形成、教養、感性、知性の面で大いに異なっていた。となれば彼の著書で述べられたことが、まさに正鵠を射ているのに反して、スペイン作家たちが書いている内容が瑣末なこと、口先だけの美辞麗句に終始しているわけは何だろうか。十八世紀および十九世紀前半のスペイン文学を分析してみれば、その答えの大方は明らかになるはずである。啓蒙主義者・自由主義者（フェイホー、カダルソ、メレンデス、ホベリャーノス、アンティリョン、キンターナ等々）は民衆に真実を広く知らしめることを目標とする〈戦闘的〉文学を擁護した。わが世代の作家たちの大部分は、社会の分析を道徳的・批評的な角度からしか行っていない。つまり文学は何にもまして有益なものでなくてはならぬ、といった視点である。ところが前に述べた作家たちは、文学を戦闘の手段にしようとしたのである。彼らはマルクスに先立つかたちで、世界を説明しようというよりも変革しようとしたのである（彼らの場合、厳密に言えば変革というよりも矯正し、改革せんとしたという方が当たっているかもしれない）。この時期の作家では、唯一ラーラのみが、近代知識人が苛酷なかたちで提起する、美学と道徳、行動と洞察、理解と批評というもの同士のジレンマから逃れえた人物である（ただしそれは致命的な自殺へと至る精神的緊張を通してであった）。実際にわが国の作家たちは、しばしばアンチテーゼたる対立概念の一方を捨象してしまうことで、観察・理解することなく目を向けていたのである。それは自らが書くものの中で、スペイン人の生に対する主観的・独創的な視点を全く軽視している点に見て取ることができる。ところがボローにとって（それは一世紀後のブレナンやヘミングウェイなども同様だが）、問題は同一ではなかった。異なる世界（とりわけ完全に産業革命を経た社会）からやってきた彼のような外国人にとって、経済的に発展途上にある社会から受ける刺激や魅力といったものに抗するのは容易ではなかった。当時のスペイン人は、自分たちが暮らしていた前近代的な社会の人間的徳性について、把握することはできなかった。なぜならば、そうした世界から逃れようとしたとしても、いわば目隠しをして歩いていたからである。レヴィ＝ストロースが指摘するように、「異なる社会に関しては、すべては一変する。前の場合には不可能だった客観性は、無償で譲り渡される。展開される変化の、もはや推進者ではなく観照者であるわれわれは、こちらの変化の成り行きや過去が、審美的観照や知的考察に開かれたままであればなおのこと、精神的不安に捉われてその場に縛り付けられるかわりに、それらを随意的に秤《はかり》に掛けることができるのである」(4)。ボローはメリメやワシントン・アーヴィングのように、安易な奇抜さを追求したりはしなかった。ボローは知的な好奇心と洗練されたユーモアのセンス、人間的な温かみなどを備えていたので、少なくとももつい最近まで、紛うことなきスペイン性とされた一連の事象、状況、心理的反応などを忠実に記録することができたのである。ボローのスペインの諸民族に対する見方には、ホベリャーノスのそれのような、苦渋にみちた暗い側面はない。後者はあらゆる美的観照といったものを廃し、時としてしっかり見据えることなく、〈かくある〉陰鬱な現実を〈かくあるべき〉理想と比較し、きわめて道徳的な視点からものごとを分析・判断している。ボローのほうは自らの批判精神を失うことなく、スペイン人の文化的遅滞の〈魅力〉を把握し、原始的でほとんど部族的といってもいいようなわれわれの慣習について、愛情のこもったアイロニーをこめて検討を加えている。あるときジプシーを伴ってマドリードに赴く際に、文盲の国民軍兵士に引き止められる。彼はその風変わりな身なりを見咎められ、こう尋ねられる。

「パスポートをもっているか」

ボローはスペイン人の意志を挫く最良の方法は格式ばった礼儀正しさをもって応対することだ、と読んだ覚えがあった。そこで車から降りると帽子を脱ぎ、国民軍兵士に深々とお辞儀をしてこう述べた。

「兵士殿、私は自分の意志で旅をしている、いちイギリス人です。パスポートももっております。お調べいただいたら、正式のものだとすぐにお認めになるはずです。当然貴殿もお聞き及びでしょうが、イギリスの外務大臣パーマーストン卿によって発行されたものです。パスポートの下の方に彼の自筆サインがあります。どうぞじっくりご覧になってください。またの機会にもう一度お調べにならなくてもよろしいように。私はあらゆる紳士には名誉というものが備わっていると信じて疑いませんので、宿で食事をとっている間、貴殿のもとにお預けいたします。よく調べがつきましたら、私にご返却願えればうれしく存じます。どうかよろしくお願いいたします」

私は改めてお辞儀をすると、兵士はそれに輪をかけてばか丁寧なお辞儀を私に返した。私は彼が私自身とパスポートを眺めている間に、途中で出会った乞食に案内されて宿に赴いた――。

こうした描写からは、著者がマドリードの生まれて間もない官僚組織の人間と遭遇した際の、細々としたやりとりがユーモアとアイロニーを込めてよく伝わってくる。当時の政府は進歩的な自由主義者の手の中にあった。反動勢力から最も憎まれた人物の一人メンディサーバル(5)は世俗領地と教会資産の売却に手を染めていたが、ボローはちょうどそんな時期に、聖書の自由な出版を彼に要請したのである。するとメンディサーバルはこう叫んだ。

「聖書をたずさえて津々浦々をめぐるとは、こりゃまたどういう風の吹き回しですかな。この国で必要なのは聖書などではなくて、徒党を組む連中をやっつける大砲や火薬とか、何にもまして兵士に支払うべき金ですぞ。もし貴殿がこうした三つの必要品を持参してくれれば、大手を広げて大歓迎すると思ってくださされ。さもなければわざわざ礼を尽してご訪問されるのは及びませんわい」

ボローはこうしたにべもない応対に気を落とすこともなく、行政上の新たな変化を活用して自説を繰り返している。つまり中道自由主義の立場にあったイストゥーリスとアルカラ・ガリアーノ(後者はブランコ同様、当時最良の文芸批評家であった)は、メンディサーバルの追い落としに一役買った。ボローはガリアーノからの推薦を受けて、詩人で劇作家でもあった内務大臣リーバス公爵から〈魅了されるほど慇懃〉に迎えられた。公爵は秘書に会わせたが、秘書はトレント公会議の条項をもちだして、そっけなく彼の申し出を断った。そこでボローは英国大使のもとに赴き、彼からの書状をたずさえて再び公爵のところに出向いたが、その時の様子をこう語っている。「公は前の十倍も優しく慈悲深く接してくれた。書状に目を通すとにこやかに満面の笑みを湛え、突如熱狂に囚われたかのごとく、芝居がかったやり方で両腕を広げてこう言った。《秘書のところに行ってごらんなさい、決して悪いようにはしませんよ》。そこで再び秘書のもとにはせ参じたが、相変わらず冷ややかな態度で私を受け入れた。私は上長の言葉を伝え、英国大使からの私宛の手紙を手渡した。秘書は注意深く読んでからこう言った。《きっと閣下はこの件に関心をお持ちになられたようだ》。その後、私の名前を尋ね、椅子に腰掛けに行ったが、それはあたかも認可状をしたためるためのように見えた。すぐに秘書は動作をやめ、頭を上げると少し考える素振りをみせてから、耳の後ろにペンを置いてこう言った。《トレント公会議の法令のなかにこういう条文があって……》」、後日ボローはやや紅潮してアルカラ・ガリアーノのもとに赴くと、ガリアーノは一緒に内務大臣のところに同伴し、公爵の秘書と冷静に掛け合ってくれた。どうやら一件落着したように思われたので、彼はその場を去った。秘書はボローと二人だけになると、彼の言い分を認め、スペインの道徳的再生は聖書が広く普及することにかかっているなどと述べるに至った。しかし再度トレント公会議をもちだしたあげく、ボローは認可をもらえずじまいとなったのである。

スペインのお役所仕事を間近に見たことのある者なら、それがどういう政府の政治的色調の下にあるかとは関係なく、ボローの描く姿には、残念ながら辛辣な現実性があることに何の疑問も抱かないはずである。百年を超える期間に、われわれが段階的に引用しうる証拠だけでも、一冊の本を埋めるに充分であろう。ガルドス[6]の小説に情け容赦なく描かれる情実、策略などの渦巻くマドリードという小世界は、実際に儀礼、期待、約束、失望、縁故などによって、あらゆる嵐を乗り越えてきたのである。公官庁の非人間的組織にがんじがらめにされた求職者や停職者のいつに変わらぬ人間像は、時をまたずに悲劇的な様相を帯びることとなる。主人公の自殺に行きつく小説『ミアウ』〔ガルドスの小説でミアウは主人公のニックネーム、ドン・ラモンは休職者〕における、ドン・ラモン・ビリャミルの家族の辛い歴史がそれを象徴している。

ユーモアと親近感が、スペインの近代史を彩る一連の人物たちの多彩で楽しい描写に染みわたっている。カルロス党の司祭、空威張りの自由主義者、疑り深く気難しい治安警官など。最初の例である老聖職者は、(自由派に付け狙われていたせいで)コルドバの風変わりな下宿屋に身を隠している人物だが、次のような言葉でボローにスペイン人の聖母信仰について説明している。「私の教会にやってくる者は誰であれ、聖母マリア様がいかに美しく、いかに上品でかわいらしいお姿で、白や紅のさまざまな色のお召し物をつけておられるのを見たら、どうして聖母様が崇拝されるのかおのずと分かるでしょうな」

ボローが投宿していたマドリードの旅籠の女主人の息子バルタサールは、動乱と危機がたび重なる時期に、街を闊歩していた勇み肌のスペイン男の典型といってもいい人物である。陽気で乱暴者、気立てがいいときもあるが大方は憎まれ者で、いつでも無責任なタイプである。一九三六年から三九年にかけての、英雄的にしていじましく、称賛すべきだが下賤なる、当時の雰囲気を味わったことのある人間であれば誰でも、両陣営のどちらにもバルタサールのような人物を容易に見出すことができるだろう。

「国民軍兵士の職務はずいぶんきついんじゃないですか？」

「いやそんなことはない。二週間に一度だけ勤務についている。職といっても楽なもので、その割に特権は大きい。たとえば三人の同僚なぞ、日曜日にプラドで棍棒武装したままぶらぶらしていて、怪しいと思った連中を片っ端から殴るのを見たことがある。もっといえばわれわれはよく夜の街を出歩くのだが、気に入らない奴とみたら襲い掛かって銃剣か短刀でぐさりとやって、血まみれのまま置き去りにするなんてこともある。国民軍兵士にだけはこうしたことが許されるってわけよ」

「国民軍兵士というのは、皆がみなそんなに自由奔放な考え方をしてるんでしょうかね」

「ドン・ホルへ、何を言ってるんだ。おれは若くて、血の気が多いからだぞ。おれは皆から陽気なバルタサールって呼ばれてるんだ。人気の秘密は性格が陽気なのと、考え方が自由っていうところかな。おれが歩哨に立つときは、いつもギターを抱えていくんだ。ショウの見せ場を一度旦那にみせてやりたいぜ。……酒を買いにいかせるだろう、そして兵士は飲めや歌えやで夜を明かすってわけよ、バルタサール様はギターを弾いて歌を歌うって段取りよ[7]……」

　ボローはガリシアを旅行していたとき廃墟となった城を訪れている。その際、歩哨に立っている特務班の兵士らに捕らえられる。彼と下級将校との会話が次のように描かれている。

「半時間も前からいろいろ見てまわる貴殿のことは監視しておりました」

「あなた方は要らぬお仕事をされたようですね。私はイギリス人でして、入り江の景色を眺めていただけですよ」

「われわれの目にはスパイのように見えましたが」

「本当ですか」

「ええ、つい最近も何人かつかまえて銃殺したところです」

　結局、すべては礼儀正しく慇懃な態度の中で収まりはしたものの、知事の官舎を訪れることを余儀なくされてしまった。(百二十年後にそれと似たような出来事が筆者の身にも降りかかった。それはアンダルシーアのある村の埃っぽい公共図書館を訪れたときのことである。私が出会った治安警察隊員は銃殺という言葉こそ口走りはしなかったものの、陰湿な反スペインの陰謀があるといった意味のことを脅迫めいた調子で言い募り、今後は〈十分注意〉して行動するようにと忠告した。このことを別の機会にも触れたことがあるので、ここではもう繰り返さない）

ボローの細心の関心を呼んだ、もうひとつのきわめてスペイン的な特質は、誰もが生まれ故郷に属さず、そこに由来しないものすべてに対する不信感や懸念を抱くという、偏狭な精神のことである。それはイベリア半島の別の地域ないしは、同一地域であっても別の場所に属す人間やものごとであっても同様である。かくてトーロの貴婦人がバリャドリードを罵ってやり込めたり、ポンテベードラ出身の愉快そのものといった公証人が、熱っぽく語る祖国愛は生まれ故郷を出ることはなく、ポンテベードラの外のことは何ひとつ関心がないといった具合である。

「ビーゴの連中は、自分たちの街がわれわれのところより素晴らしいなどと言っている。このガリシア地方で首都と呼ぶのにふさわしい肩書きをポンテベードラより多くもっているとか抜かしおって……旦那はこんなめちゃくちゃな言いぐさを聞いたことがおありですかい？　わしにとっちゃ、言っておきますがね、ビーゴが抱えている阿呆やごろつきを束にして丸ごと焼いたって、痛くも痒くもございませんよ。旦那はビーゴとポンテベードラとを一緒にしようって考えたことはありますかい？」

「そいつはわかりません。私にはビーゴがどんな街だか知りませんから。でもあそこの入り江は世界一だとか耳にしましたが……」

「旦那、入り江ですって？　たかが入り江なんて。たしかにあのごろつき連中には入り江がありますよ、でもね、そいつのせいでわしらの商売は上がったりでさぁ。でも地方の首都にどうして入り江なんか必要かねぇ。必要なのは問題を議論するために地方議員が集まれるような公共の建物でしょうが。まぁともかくビーゴにはいい公共建物などひとつとしてありゃしない。街中見渡したってろくな家なんぞないんだから。ところが入り江ときたもんだ。たしかにあることはあるさ。でも連中には飲み水があるかい？　泉があるってか。たしかにあろうさ、でもその水はしょっぱくて馬が飲んだらくたばっちまうさ。イギリスの旦那、ビーゴの連中のような追いはぎ仲間の片棒をかつぐために、長旅なんぞしてもいいことないぜ」〔ca28, 321〕

ボローは透徹した観察力のおかげで、さまざまなスペインの社会階層のありさまを描くことができた。それはつい最近まで充分に通用する体のものだった。「私にはスペインの底辺の人々というのは、貴族たちよりもずっと面白いような気がする……たしかに無知かもしれないが、彼らがユニークそのものだからだ。いつでも気づくことだが、底辺にいる人々や無学な者たちの中には、上流社会の人々以上に鷹揚な気持ちがあるようだ……概してアンダルシーアの上流階級の人々は、あらゆる人間の中で最も自惚れの強い愚か者である」。総じてカスティーリャは彼の目に「どんより暗く、寥々として寂しい」ところとして映っている。ボローはウナムーノや〈九八年の世代〉の作家たちとは違い、「あの樹木も緑もない荒涼そのものといった風景」が美しいとは思えない、と述懐している。[8] 彼は旅行中にスペインという国が、貧しさが疎んじられない（今になってみれば、疎んじられなかった、と言うべきだが）ヨーロッパで唯一の国であることに気づいた。そして〈啓蒙主義者たち〉の意見に賛同しつつ、「スペイン人という名の大きな社会集団は、六百年以前の彼らの先祖たちと全く同じようなやり方で話したり、考えたり、暮らしたりしている」という判断を下している。「書くことは涙すること」[9]という眠たげなお国柄の証人として、ボローの描く絵は当時の作家たち（エステバネス・カルデロンやメソネーロ・ロマーノスなど）のありふれた描写や風俗写生的な情景と引き比べると、格段に近代的であることで際立っている。ボローの著書は最初から最後まで、スペイン人に対する心からの共感を裏切ることはない。改宗勧誘における熱意や欲求とは別に、間違いなく彼はかなり個人的で常軌を逸したやり方でもって、スペイン人を愛したと言うことができる。マヌエル・アサーニャが言うように、ボローは「思いやりや自由といった、社会において人間らしく生きるための資質を少しでも得ようと奮闘したのである。どのような形でなされるにしろ、それはそれで常に素晴らしいことである。ボローの書はスペインの法律ではなく精神そのものにおいて、寛容の歴史を知るためにはなくてはならぬ記録である」

［訳註］

（1）　ジョージ・ボローはイギリス聖書協会の代表としてヨーロッパ各地を旅行したときの経験に基づいて、多くの小説や紀行文を発表した。とりわけスペインにおけるジプシー（ロマ族）たちとの交際から、彼らに感情移入して著した『ヅィンカリ――スペイン・ジプシーについて』（一八四一）や『スペインの聖書』（一八四三）が知られている。とりわけ後者は大きな成功を収めてボローの名を世に知らしめた。

（2）　一八三六年八月十二、十三日にセゴビアのラ・グランハ・デ・サン・イルデフォンソにおいて起きた暴動で、グランハ王宮を守る軍曹らの一団が、摂政であったマリア・クリスティーナ・デ・ボルボンに対し叛旗を翻し、一八一二年のカディス憲法を再び発効させ、ホセ・マリア・カラトラバとファン・アルバレス・メンディサーバルらの自由主義進歩派の政府を打ち建てるように迫った事件。

（3）　マニエル・アサーニャ（Manuel Azaña, 1880~1940）は後にスペイン第二共和制の大統領となる社会主義者の政治家・作家で、政治活動の傍ら、雑誌『ペン』を主宰し、小説『修道士の庭』や文学評論『ドン・ファン・バレーラの生涯』、『ドン・キホーテの創意とその他のエッセー』などを発表した。

（4）　Claude Levi-Strauss, *Tristes Trópicos*（1955）, editorial Paidós, Barcelona, 2006, "un vasito de ron", 483-494.（訳書『悲しき熱帯』下、三八章「一杯のラム」、川田順三訳、中公クラシックス、三〇七頁）。

（5）　メンディサーバル（Juan Alvarez Mendizábal, 1790~1853）はカディス生まれのスペインの自由主義派の政治家、実業家。倹しい生まれながらスペインの自由主義的改革の主たる担い手となった。総理大臣、財務大臣、内務大臣を歴任。伝統保守のカルロス党に対抗して、共有地の私有地化と教会財産の国有化を行った。

(6) ペレス・ガルドス(Benito Pérez Galdos, 1843~1920)はセルバンテス以後のスペインで最大の作家。主著たる四十六巻からなる『国民挿話』(*Episodios nacionales*)では、トラファルガーの戦い(一八〇五)から、ブルボン家の王政復古(一八七四)までのスペイン史にまつわる重要事件が扱われている。また小説三十二編(『ドーニャ・ペルフェクタ』『グロリア』『ハシンタとフォルトゥナータ』などが有名)、戯曲二十四編を残している。作品には一貫してスペインの伝統的価値(血の純潔、異端審問、狂信的カトリシズム、権威主義)に対する批判精神が窺える。

(7) *La Biblia en España*, Alianza Editorial, Madrid, 1970, ca 12, 158-159.

(8) ウナムーノやアソリン、アントニオ・マチャードといった《九八年の世代》を代表する作家たちは、好んでカスティーリャの荒涼とした風景に感情移入をして、それをカスティーリャの歴史を映し出すべき心象風景として描いた。つまりスペイン再生の契機としてである。ウナムーノは言う、「この限りなき野は……一神論的風景であり、この中で人間は魂の渇きを感じるのである」云々。『スペイン一八九八年の世代』(P・ラインエントラルゴ、森西路代他訳、れんが書房新社、一九八六年)を参照せよ。

(9) これはラーラが「冬の時間」(Horas de invierno)という論文(『スペイン人――教義と社会的関心についての日記』、一八三六年所収)の中で述べた言葉で、「マドリードでものを書くというのは泣くことといっしょだ。声を探そうとしても見つけられず、あたかも圧倒的で強烈な悪夢の中にあるかのようだ」から。

工業化への第一歩

ピエール・ヴィラール(1)は簡潔ながらも実質に富んだ『スペイン史』の中で、十九世紀を「策略と喜劇とドラマの連鎖」の時代と評した。自由主義者と保守主義者が政権交代を繰り返し、軍事クーデターや側近政治が幅を利かせた時代であった。イサベル二世の閨の秘め事は口さがない連中の恰好の話題となり、後にバーリエ・インクランの有名なエスペルペント『生粋女王の放埒と笑劇』(*Farsa y licencia de la reina castiza*)を生むきっかけとなった。

一八三六年と一八五四年になされた〔メンディサーバルによる〕教会財産の売却令は、結局、〈郷士階層〉や有閑小貴族たちに止めの一撃を与え、やむ方なくこうした無為徒食の連中たちを、緒に付いたばかりの経済活動に組み込むこととなった。一八四〇年以降、カタルーニャにおける工業化の広がりは、目に見える成果を生み出すようになった。この地は十八世紀中葉以降、ブルジョアジーの存在があり、工業化の兆しが見えていたのである。こうした広がりのおかげで一八六〇年から国内鉄道網が創設され、短期間に大量の外国資本が投下されて、スペインの鉱山業のほとんどが占有されるに至る。しかし同時に、売却令によって直接的に利されたのは数多くの投機家たちだけであった。当時の年代記作家の鮮烈な表現によると、「国有財産は修道士社会から資本家社会へと移行した」のであり、こうした事実がもたらした結果は土地をもたぬ農民の大多数が、自由主義的進歩から決定的に取り残されてしまったことである。イグナシオ・フェルナンデス・デ・カストロ(2)はこう記している。「爾来、農民プロレタリアートは中央権力に対して、完全に反発と不信の態度をとるようになり、自発的な無政府主義とみなしてもいいような地方分立的傾向を、初めて表明したのである。こうした傾向によって、アンダルシーアにおいて大きな無政府主義暴動が引き起こされることとなる」。一九三六〜三九年のスペイン内戦の悲劇の引き金となる社会基盤はすでにこうしてできあがっていた。鉱山、鉄道、大土地所有の経営に当たっていた萌芽期のブルジョアジーは、安定的な中流農民層を生み出すことを妨げたことで、後に農民そのものを直接行動や叛乱に追いやることとなる。

しかし周縁地域（カタルーニャ、バスク、アストゥーリアス）における覚醒は、いまだにカスティーリャ中央高原（メセータ）には波及しなかった。そこからガルドスの描くようなオルバホーサ〔『ドーニャ・ペルフェクタ』の中にでてくる中央高原の架空の都市〕とかフィコブリガ〔『グロリア』の中のカンタブリア海沿岸の架空の都市〕のような都市がでてくるのである。そうした土地において、生活は動きを止めてしまったかのように沈滞し、ずっと変わらず不動であることが、理想とみなされてきた。したがってそこでは、普遍的に尊重されてきた習慣や慣習を破壊するようにみえるすべてのものが、厳しく裁かれることとなる。ガルドスはその鋭い直観によって、日常的習慣と戦おうとするビジネスマンをユダヤ人とし、フィコブリガの住民たちがひそかな憎悪を彼に対して抱くように仕向けている。否、スペインは今日でもいまだ何も変わってはいないのである。農民は先祖代々、同じようなやり方で農地を耕し、新しい技術を導入しようとすれば、相変わらず「両親はこのようにしてやった」と答える。スペイン人の多くはかつての時代と同様、前日に行ったことを行い、前日に行ったやり方で行うことを規範としている。十六世紀の旧キリスト教徒にしろ、ホベリャーノスが尋ねたカサーリャの農民ら(3)と同様、反応は常にひとつ「新しいことをやるのはよくなかった」のである。かくてスペイン経済の遅れの原因や中産階級の脆弱さ、小心さを理解するためには、アメリコ・カストロの言うように、経済というものを「自分自身および自己を取り巻く世界、自らの存在の根拠となっている神秘的力、そうしたものとの関連で、人々がとる態度の結果」とみなすことが必要である。かの著名な歴史家はこう述べている。
「十九世紀におけるヨーロッパ人の行動は、外面的で表面的なものであった。したがって反動的スペインと進歩的スペインというような、いわゆる〈二つのスペイン〉という概念は不適切である。最終的には進歩的スペインも常に押しつぶされてしまう存在だからである。反動というのは、旧来の習慣を維持しようとする態度のことである。進歩というのは、外国から輸入された思想や文化形態のことを指す。輸入（importación）という言葉をしっかり見据えるならば、二つのスペインなどといったイメージは雲散霧消してしまうであろう。なぜならば、importarという言葉が〔「輸入する」と「重要である」の二つの意味がある。〈中へ・持ち運ぶ〉が原意〕「重ねる・重きをおく」（superponer）を意味し、「豊かにする」（fecundar）などといった意味はないとするならば、そのとき〔輸入する〕民族の形態、方向性、活動といったものは、本質的・基本的な部分では過去となんら変わりなく同じものであり続けるからである（輸入が「豊かにする」ことに結びついたのはスペインではなく、科学技術の面における日本であった[4]）」

　こうして一八六八年のイサベル二世の退位およびアマデーオ・デ・サボヤの立憲君主制の短い時期をはさんで、一八七三年の第一共和制でもってピークを迎える、一連の武力蜂起や無謀な企てによっても、基本的にスペイン人の大多数は、自らの生活様式に影響を受けることはなかった。一八七〇年における国民の文盲率はいまだに六十パーセントを超えていた。そして農民層の公権力に対する態度は、たとえ相手が保守的であれ、自由主義的であれ、〈進歩主義的〉であれ、収穫物を焼却したり、土地を占有したり、ゲリラとして出現したり、あるいは無秩序、無政府状態、社会不安を醸成する盗賊たちとなって徒党を組むなどして、散発的なかたちで表明されてきた。第一共和制が崩壊したとき、誰もそれを守ろうと声を上げることはなかったが、ウナムーノはいみじくもその数年後に次のように記している。「新聞は歴史とは無縁の数百万の人々の静かな生活について何も語ることはない。彼らは夜明けとともに起き出して、野に出て相も変らぬいつもながらの仕事に黙々と就く。海底にすむイシサンゴのような土台を据えて、その上に歴史という小島を打ち建てるのである。(……)スペインの歴史が再始動したのは、一八七五年の王政復古によってではない。以前と同じようなことをやり続けてきた幾百万の人々、一八六八年九月二十九日以前の太陽もそれ以後の太陽も同じで、仕事も同じ、鍬で畝をつくるときの野良歌も同じ、そうした人々こそスペインを新たに動かしたのである。実をいうと何も新しくことを始めたわけではない。なぜならば何ひとつ壊されてはいなかったからである。一つの波と別の波とは区別できるわけではなく、同一の海に立つ同一のさざなみだからである(5)」

歴史家たちは、一八七五年から九八年までの期間を、スペイン史上最も安定的で建設的な時代であったとみなすのが通例である。その間は保守主義者や自由主義者が、知事、政界のボス、村長などによって操作される選挙を厳しく統制することで、政権交代を行ってきた。そして治安警察は真に模範的といえるような厳格さや即応性を発揮して、労働者や農民の暴動を抑え込んだのである。一見スペインは他のヨーロッパ諸国と変わらぬ国となったが、ここでもまた〈肥沃化〉ではなく〈接木〉がなされたにすぎない。精神構造は何ひとつ変わっていなかったし、哲学、科学、技術、政治、文学といったあらゆる分野のすべてが、あるいはほとんどすべてが外来のものであった。サンス・デル・リーオは新しい哲学理論を研究するべく公式にドイツに派遣され、不幸にもヘーゲルの代わりにクラウゼ(6)と出会ってしまったが、彼によってスペインに導入されたその曖昧模糊とした教えは、解体されていたスペインの大学を三十年以上も支配することとなった。これは決して孤立した先例というわけではなく、後にくる状況を容赦なく映し出すものとなった。ビセンテ・リョレンス(7)は啓蒙主義の時代から今日に至るまでの、いつに変わらぬスペイン文化の混乱といったものに関して、次のような言い方で要約している。

「時代の精神と歩調を合わせようとする長く険しい努力は、その目的を達成したと思った時点で、すでにかかる精神そのものが、別の新しい方向を向いてしまっていた。そこからスペイン文化において混乱や目新しさへの殺到、いつに変わらぬ時代錯誤などが生まれてくる。近代スペイン文化は単に不安定な状況にあっただけでなく、常に時宜を逸して活動していたのである」

実際、サルミエント[8]がマドリードを訪れ、ラーラを例外としてまともなスペイン文学など存在しないと断言したとき以来、〈九八年の世代〉が戦線に加わるまで、ラーラに匹敵しうる本物の価値をもった作家たちのリストはごく短いものであった。つまりベケル、ガルドス、クラリンなど数名にすぎない。残りは地方文士や海外の作家であった。十九世紀後半のスペインはいまだ文学、芸術、科学の分野でとるに足らぬ存在であった。農民のほとんどは過去の生活を引きずっていたし、都市部でもアントニオ・フローレス[9]が描いたような〈ダンディな若造〉（pollos *dandys*）といえども、昔ながらの外来ファッションである〈めかしや〉たる〈モボ〉（lechuguinos）と何ら異なるものではなかった。

とはいうものの、もしわれわれが将来の産業革命という視点に立つとすれば、一八七五年から九八年までの期間に一連の構造変革が起きたことは否めない。それはブレナン[10]が指摘するように、将来に向けての第一歩を意味した。カタルーニャに続いて、バスク地方は資本主義的発展を加速させてきたし、国内最初の重工業を生んだ。しかしスペイン人労働力と天然資源の集中的な開発によって得られる、富と発展という目標はほとんど地平に見えてこない。〈ホモ・ヒスパニクス〉[11]〔原型としてのスペイン人〕はいまだに大多数の中で生きているし、まだ半世紀以上も生き続けるだろう。それは近代人たる〈ホモ・エコノミクス〉〔経済を基盤として生きる人間〕の動機づけとは無縁であり、かつそれに反発する存在である。

[訳註]

(1)　ピエール・ヴィラール（Pierre Vilar, 1906-2003）はフランスのスペイン史（カタルーニャ史）研究者・歴史家。ソルボンヌ大学で博士号を取得後そこで教鞭をとり、後にパリ高等学術院会員、バルセローナ大学名誉教授となり、ビセンス・ビーベス死後、スペイン現代史の第一人者となった。歴史の方法論を模索し、歴史理論を唯物論的視点から擁護する立場に立った。マルクス主義者としてソヴィエトの崩壊に際して批判的態度をとった。主著は博士論文の全三巻からなる『近代スペインにおけるカタルーニャ』（*Cataluña en la España Moderna*, 1962）。引用された『スペイン史』には邦訳あり（藤田一成訳、クセジュ文庫、六七頁）。カストロはピエール・ヴィラールをはじめとする経済的唯物論に立つ歴史家に対し、『葛藤の時代について』のなかで容赦ない筆誅を加えている（「過去は過去であり、操作できないものである」"El pasado fue como fue: no es manufacturable"）。

(2)　イグナシオ・フェルナンデス・デ・カストロ（Ignacio Fernández de Castro, 1919-2011）はスペインの社会学者、弁護士。教育社会学および反フランコ主義的活動についての著作が際立っている。五〇年代に「人民解放戦線」を組織したことでフランコによって迫害され、フランスで亡命生活を送った。パリに七〇年代まで滞在した後にスペインに帰還した。

(3)　カサーリャ（Cazalla de la Sierra）はセビーリャの村で、ホベリャーノスが『農地法についての報告』（*Informe en el expediente de la Ley Agraria*）の中で、ブドウの耕作地の保護について述べた際に、この村に触れている。つまり十八世紀における伝統的なアンダルシーアの寒村の農民ということ。

(4) アメリコ・カストロ『スペインの歴史的現実』(*La realidad histórica de España*, 1975, Introducción en 1965, 17-18)。

(5) Miguel de Unamuno, *En torno al casticismo*, (1895), Ensayos. I (La tradición eterna), III.(訳書『ウナムーノ著作集1 スペインの本質』「生粋主義をめぐって」、第一章「永遠の伝統」、佐々木孝ほか訳、法政大学出版局、二三－二四頁)。

(6) サンス・デル・リーオ(Julián Sanz del Río, 1814~1869)をはじめするスペインの法学者たちは、自由主義の中で祖国再生をめざし、ドイツのカント後の哲学者カール・クリスチャン・フリードリッヒ・クラウゼ(一七八一～一八三二)の哲学と出会った。クラウゼ哲学は学問上の寛容と教条主義に対する学問の自由を守ろうとする思想で、彼ら自由主義者らの思いに合致したのである。マドリード大学の哲学史教授サンス・デル・リーオはクラウゼの著作(『人類の理想』)を自由な形で取り込んだ同名の書(*Ideal de la humanidad*, 1860)を著した。これはスペイン政府によって禁書とされ、彼もまた教壇を追われた。それはクラウゼ哲学の基本が世俗主義で、いかなる種類の規範とも無縁の、反教条的信仰を掲げるもので、従来の愛国的カトリシズムとは反りが合わなかったからである。このクラウゼ哲学の教授たち(ヒネール・デ・ロス・リーオスら)によって後の《自由教育学院》が創設された。

(7) ビセンテ・リョレンス(Vicente Llorens Castillo, 1906~1979)は、スペイン・バレンシア生まれの文学史家で、現代スペイン学の最高峰のひとり。アメリコ・カストロと同様、プリンストン大学で教鞭をとり、今日、古典的な価値をもつ『自由主義者とロマン主義者――イギリスのスペイン移民　一八二三－一八三四』(メキシコ、一九五四)を著した。引用文はそこから。『スペイン文学の社会的諸相』(一九七四)で、興味深い「プリンストン時代のアメリコ・カストロ」という章を設け、師へのオマージュを捧げている。

（8）　サルミエント（Domingo Faustino Sarmiento, 1811~1888）は、アルゼンチン大統領（一八六八－七四）にして小説『ファクンド』の作者。アルゼンチンが生んだ最も偉大な人物のひとりで、政治家・教育者・作家・ジャーナリスト・軍人といった多面的な性格をもち、生地サン・フアンの知事を務めたのち、サン・フアン選出の国会議員となり、最後はアルゼンチンの大統領となった。彼は国の発展のためには文明と進歩が必須と考え、そのために教育や啓蒙に力を注いだ。チリに亡命中に自ら筆をとって著した不朽の名作が『ファクンドまたは文明と野蛮』（*Facundo o Civilización y Barbarie*, 1845）である。作品はファン・ファクンド・キローガというガウチョの野蛮な人生を描くことで、当時（独裁者フアン・マヌエル・デ・ロサス支配下）のアルゼンチン社会の野蛮さを浮き彫りにしている。サルミエントは野蛮さはスペインに由来するとして、反スペイン的な姿勢を示し、一八四六年にマドリードを訪れた際に、「本ともいえないようなラーラの論文集くらいしか、まともなスペイン語の本など見たこともない」と述べたことを指している（『旅行紀』*Viajes*, Buenos Aires, 1922, II, 9)。

（9）　アントニオ・フローレス（Antonio Flores Algovia, 1818~1865）は、スペイン・ロマン主義の作家でジャーナリスト。いくつかの新聞紙上で風俗写生的な記事を書き、後にイサベル二世の恩顧を受けて王室財産の管理官の職に就いた。女王といっしょに行った旅行で見聞きしたことを小説にしたのが『バレアレス諸島、カタルニア、アラゴンへの国王陛下行幸記』（一八六〇）である。また『昨日、今日、明日』（一八五三）では、風俗写生的な卓越した筆致で、マドリード社会の三つの時代を描いた。

（10）　ジェラルド・ブレナン（Edward FitzGerald "Gerald" Brenan, 1894-1987）はイギリスのスペイン研究者で作家。長い間、スペインで過ごした経験をもとに名著『スペインの迷路』（*The Spanish Labyrinth*, 1943）を発表した。ここで言う「一連の構造改革」とは具体的には、一八七四年に第一共和制が終わり、翌年一八七五年からアルフォンソ十二世が復位して王政復古が成し遂げられ、カノバスによる新たな政治秩序と「一八七六年憲法」が規定する自由主義的立憲君主制への移行のことを指している（訳書、第一章「王政復古――一八七四―一八九八」、鈴木隆訳、合同出版、二一―三二頁）。

（11）〈ホモ・ヒスパニクス〉は原スペイン人という意味だが、サンチェス・アルボルノスが『スペイン――歴史の謎』（一九五四）第二巻、第十六章「歴史的統一体としてのスペイン」で規定した〈ホモ・ヒスパヌス〉（ヒスパニクスに同じ）の性格付けによると、「彼らは理性よりも気概に勝り、男らしさや自由意志に基づいて、共通の信念ではなく人間的敬意によって上長に従う。怒りや暴力、無愛想に囚われて爆発しやすく、自らの力だけに頼り、身を顧みず、傲慢かつ誇り高く、宗教的・政治的理想に献身する。瞑想や静かな仕事よりも活動的な戦争や貿易などに情熱を向ける」（四四〇頁）とある。宿敵のカストロはそうしたきわめて心理的で、固定的な国民性といった要素を否定した。

ウナムーノとカスティーリャの風景

スペインがキューバ、プエルトリコ、フィリピンを失ったとき、人々はそんなことには無関心で、ロマノーネス(1)の意気込んだ言い方を再現すると、カビテの海戦〔マニラ湾海戦〕で破れたニュースが入ってきた同じ日曜日に、陽気な群衆がマドリードの闘牛場に押し寄せていたという。ところが知識人たちは苦々しい思いでその事実を受け止め、国家的衰退の拠って来る原因を突き止めようとして、細部にわたって意識のありようを検討しようとした。ここに興味深い事実がある。それは南米諸国の独立とそれに続くスペイン本国の〈地方化〉は、一八二五年にまで遡りはするものの、スペイン人は合衆国によって一八九八年に、アメリカとアジアの最後の海外領土を奪われてしまうときまで、そのことに気づかなかったという事実である。作家と知識人からなる一グループが、やっと長年の夢から覚めて目を開け、事態の深刻さに気づいたというわけである。それまでスペインの影は薄く、永遠に黙した存在のように思えた。失った健康を回復させる試みが喫緊に求められたが、そのためにまず言葉から手がつけられた。かつてセルバンテス（「孤独で不幸なスペイン」に関する詩[2]を想起されたし）やケベード（素晴らしいソネット「わが祖国の城壁を眺めたり[3]」を見よ）を不安に陥れたスペインの没落は、そのとき、もはや重苦しく苦渋に満ちた極点にまで達していた。ガニベーやウナムーノ、マチャード、アソリンといった者たちは、それぞれのやり方でどのようにしたらスペインを救い出すことができるか熟慮した。いわゆる〈九八年の世代〉は、その重圧のせいで国民生活が活力をなくし、行き詰まってしまった原因ともいうべきもろもろの神話と対決し、イベリア半島の文学、歴史、風景を今一度注意深く篩《ふる》いにかけようとしたのである。しかし見ればすぐわかるように、彼らの批判的態度は一度として客体化することはなかったし、多くのケースで、独りよがりのものか、悪くすれば気まぐれなものにすらなってしまった。

ケベードと同様、ウナムーノ〔Miguel de Unamuno, 1864~1936. スペインの哲学者、小説家、詩人、劇作家〕は国家の破綻を警告し、諸悪を指摘した後、形而上学的で抽象的なスペイン性の名のもとで、絶望的になりながらもそうした諸悪にこだわり続けた。若い頃スペインのヨーロッパ化について語ったとしたら、後年そうした傾向に対して反発し、同胞たちに対してヨーロッパの〈スペイン化〉を提唱した。ウナムーノはケベードと同じく科学や技術、商業、利潤といったものをひどく見下していた。作品の中では社会学に対する否定的な評価にしばしばでくわすことがある（「よく人が社会学などと称するもの以上に、恐ろしく、グロテスクで悪趣味なものがありえようか」）。その他にも、機械の発明とか「論理学の疫病」と自ら称するものに対しても、同様の否定的評価を下している。彼の目には歴史たるものは無益な喧騒と映っていて、近代の進歩は手厳しく揶揄されるべきものであった。「鉄道、電話、水洗トイレなどの文明の利器は捨て去れ、そして魂のうちに文化を携えよ……イベリア的血統に連なる人々が明らかに優越している証のひとつが、便利さを見下す姿勢である。大ホテルのレストランのテーブルほど、人間の低俗さがはっきりと暴露される場所はない……枕とトイレがないところでは旅行ができないという御仁は愚か者である……等々」(4)。ウナムーノはカスティーリャの旧キリスト教徒的血統ならではの強迫観念をぶち上げながら、カタルーニャ人に矛先をむけて「彼らの強欲ぶり」や「バルセローナで多種多様の大盤振る舞いがされる」肉欲的快楽について非難している（彼の性への恐怖心もまた同様にケベード的である）。

たとえ問題とするものが詩であれ、演劇であれ、絵画であれ、建築であろうとも、ウナムーノの好みには、スペイン帝国の偉大さを推し進めてきた理想と密接な関わりがあることが窺える。またその振る舞い方の特徴においても同様である（「スペインはわが痛みなり」といった表現は、『胸に手を当てる騎士』というエル・グレコの絵の重々しい振る舞いと一脈通じるところがある）。しかしウナムーノの思想が展開する〈生の住処〉を正しく理解するためには、彼の風景に対する態度を分析するに如くはない。スペイン人の間で風景を高く評価するというのは比較的最近の事柄である。黄金世紀におけるピカレスク小説では、職を求めて旅をするというのはありふれたモチーフのひとつであったが、土地の描写などはむしろ稀有といっていいくらいで、たとえあったとしても、総じて言えば、きわめて因習的なものだった。都市や田舎の風景に触れたものを探し出そうとすれば、図書館や古文書館に埋もれているような、年代記、報告書、書簡などに当たらねばなるまい。十八世紀になるとほとんどの場合、社会・経済的な角度からクローズアップされた観察記録が多く見出される。アソリン(5)の目には、エンリーケ・ヒル・カラスコこそ、風景を文学のカテゴリーに格上げした最初のスペイン作家ということになる。『ベンビブレの男』(*El señor de Bembibre*)はある面で、ビエルソ（レオン）の地のこよなく美しい風景を集めただけの作品かもしれない。またガルドスの中にも同様に、カスティーリャの静まり返って眠けを催すような村々の、素晴らしい情景が描かれている。しかしスペインの風景が散文や詩においてすら、副次的で機能的な役割しか果たしてこなかったことを鑑みるに、そうした役割を決定的に捨て去り、一種の美的なるものを推し進める手立てとして、第一線の地位を獲得するようになるには、〈九八年の世代〉の出現を待たねばならない。
さし当たっての考察――イベリア半島の多彩で豊かな風景は、〈九八年の世代〉の作品全般において、ごくわずかしか見出せない。もしガリシアの深い入り江や山々がバーリェ・インクランによって詩的に体験されたとするならば、アリカンテの光り輝く風景――オリーブ林、きちんとそろった段々畑に植えられたアーモンドの木――は、アソリンの散文において愛すべき描写の対象となりえたが、全部の地方や地域――そこにはスペインで最も際立った印象深い場所も含まれているのだが――はわれらの作家たちの関心を引かず、つい最近まで、文学的に未踏の地でありつづけた。もしアソリンやバローハ、バーリェ・インクランなどが自らの故郷を独自の魅力を湛えて描くならば、〈九八年の世代〉の集団としての関心は、概して、唯一の地理的地域（半島中央）や、唯一の叙景的カテゴリー（カスティーリャ中央高原）などに集中するのは目に見えている。都市や農村、荒地や山岳、高原や草原といった存在は清楚で磨きのかかった散文、金糸細工のような丹精こめられた労作において、表現を見る価値が大いにある。これから見ていくつもりだが、そうしたものの中で、人間は風景全体の一部を形づくる要素として二次的な地位しか占めてはいない。〈九八年の世代〉の作家たちは人間というものを、一本の木、一つの岩、一つの枯れ川のごとき自然の一要素として、都市や農村の舞台装置の中に据えている。ウナムーノにとってカスティーリャ農民という名の客観的存在は、全く、あるいは、ほとんど重要ではなかった。何にもまして風景は、己が精神性を写し出す鏡、言い換えると発散手段だったからである。

最近、若いエッセイストのファアン・カルロス・クルチェットが〈九八年の世代〉の立場を次のように要約している。「近代的な地理学は風景の科学として定義されてきた。地理的風景はそれ自体が本質的に具体的なものである。まず三次元的な存在として感覚（あるいは技術によって延長された感覚）に訴えることができる。そして基本的に二つの要素、自然的要素・人間的要素から成り立っている。双方とも、ドイツの地理学者ラッツェルが数十年前に〈全世界〉（ecúmene）と呼んだものの中で、互いに結びついている。この呼び名によって理解されるのは、人間が住み、働き、移動する場所のことである。人間社会が自然風景を自らの暮らす住いに変えたとき、その場所では元からあった形状は変化してしまい、文化に付随する適応的・変革的な活動によって、そうしたものが消失してしまうことすらある。自然風景はひとつの広がりであり、空間の中に展開している。文化風景は活動であり、時間の中で進展していく。興味深いことに、スペインの作家たちは（彼らのみならず歴史家なども同様だが）カスティーリャの風景を自然風景に変えてしまった（ウナムーノとアソリンのケース）。彼らはその中にある種の本質を発見したと思い込んだ。つまり歴史的過程を特定の発展局面の高さに保持しておくような、永遠性と神秘性の資質といったものである[6]」

ウナムーノはカスティーリャの風景と向き合う際に、その人間的・社会的次元をア・プリオリに排除してしまうような、美的・宗教的視点からそれを行っている。サラマンカ、アビラ、パレンシア、グアダラーマ、ユステのどれをとっても、彼のスタンスは常に自己中心的で主観的である。道徳性と審美性、行動と観想の間の対立など存在しない。ウナムーノの評価基準は対立的なものではなく、内的なダイナミズムを欠いている。一方で、彼のものの見方は、黄金世紀カスティーリャ文学やカスティーリャ芸術のモチーフやテーマ、ノスタルジーと追憶で満ちみちている（サンタ・テレサ、ドン・キホーテ、エル・グレコなど）。かくてウナムーノが眺める景色は常に一連の文化的価値を引きずっている。そしてそれは伝統によって中性化された風景と称してもいいものとなっている。スペインの過去の栄光が後光で包み込んでいるのは、カトリック女王イサベルやドン・アルバロ・デ・ルーナ[7]の亡霊が住み付いた教会や城砦、村落などである。ラス・ウルデスはブニュエルの映画[8]で永遠の記憶に残るものとなった極貧の谷間の集落だが、ウナムーノはそこを訪れたときに初めて少しばかり人間的になり、原住民をあたかも透明人間であるかのように見るのではなく、リアルな存在として眺めている〔前掲書、一〇四―一二〇頁〕。したがって彼の姿勢というのは、ホベリャーノスとは対蹠的なところにある。ウナムーノが「カスティーリャの野やラ・マンチャの荘厳なる荒野について、それが不毛や悲しみ、はっきり言えば醜さそのものだという話になったときに」、そのことが彼の心に次のような反応を生み出した、と述べているのもそれなりの道理がある。「そうした荒野を見ていると、厚紙で作った聖誕祭の模型から抜け出たような緑の渓谷よりもずっと深く強烈な印象を受ける。風景においては建築と同様のことが起きる、つまり人が最後に味わうのはむき出しのものだということである。人によっては庭園の木々のごとく緑豊かな丘陵のほうが、大きな岩がごろごろ転がっている土地よりもいいと言うかもしれないが」〔前掲書、四九－五七頁〕。しかしウナムーノはそうした重厚でいかめしい場所を眺めても、そこに住む人々の物質的な生活については何の関心も向けない。むき出したままのカスティーリャの野の〈禁欲性〉だけが、彼の精神を高揚させるのである。続けてこう述べている。「永遠性に関する暗い思想といったものが大地から湧き出てくるように見える」。そして彼は神秘的で「倫理的な息吹」について語るのである。またパレンシアの荒野に触れつつ、かの恐るべき石の砂漠からは「魂の永遠性のもっとも瑞々しく、もっとも力強い歌」が湧き上がってくる、とも語っている。

実際、カスティーリャのむき出しの大平原に対するウナムーノの思い入れは、スペインの旧来の伝統に応えるものとも言える。スペインの農民には、樹木を厭う気持ちが先祖代々受け継がれていると、啓蒙主義者たちは指摘していた。アントニオ・ポンス(9)は一七八七年に刊行されたイベリア半島紀行において、こう書き記している。「スペインの多くの地域で、植林を厭う気持ちが強くあるのは何とも信じがたい」。デドゥヴィーズ・デュ・デゼールは、ある村の代議員のケースを挙げている。代議員は植林を望んでいたが、村人たちの執拗な反対に遇った。彼らに言わせると、「樹木は湿気を呼び、清浄な空気をだめにしてしまう」のだそうである。同様にサラヤもまた、反植林主義者の粗野で野蛮な抵抗に遇ったニコラス・デ・アサーラの怒りについて述べている。こうしたことを見れば、昔の歴史家たちが言及した広大な森が、次々と伐採されていっても誰も抗議の声をあげなかったのはなぜなのか、理解できるというものである。ホベリャーノスはいつものように同国人の無知と戦うべく尽力し、『日記』（*Diarios*）の中で、たえず樹木の少なさを嘆いている。そしていまだに樹木が豊かに残されている地方のことを詳しく述べ、国が豊かに発展するために、樹木がいかに重要であるかを力説した。しかし自ら告白するように結果は否定的なものであった。「昔から木を一本植えれば半レアルかかった。一人の人間が一レアル稼ぐのもままならぬことだというのに」。ロンダ山脈の美しいスペインモミやアルカラスの山々の鬱蒼とした松林などは、忌まわしい森林伐採以前にあった、イベリア半島の原初的風景がどんなものであったかをわれわれに教えてくれる。ヒネス・ペレス・デ・イータ(10)はキリスト教徒とモリスコとの戦いについて著した『グラナダの内乱』（*Las guerras civiles de Granada*）において、フィラブレス山脈の生い茂る立派な樫の木のことについて触れている。筆者が数年前にその地を訪れたとき、そこは禿山になっていて、ほとんど斑点のように見えた。痛めつけられたひ弱な樫の木のいくつかが、かろうじて昔あった豊かな森の名残をとどめているだけであった。ホアキン・コスタ(11)が立ち上がり、〈樹木の日〉の祝日制定に向けて国民的キャンペーンを起こしたときには、半島の中心部の大部分はすでに目を剥くような恐ろしい砂漠と化していた。本来であればもっと素晴らしい目的のためにこそ払ってしかるべき粘り強さでもって、何世紀にもわたって破壊してきたものを、ゆっくりと再建し始めるのには、なんと現代まで待たねばならなかったのである。スペイン中央部や南西部の乾燥地帯では、木がないために雨が降らず、雨が降らないために木が育たないのである。こうした悪循環から脱するために必要だったのは、集中的な森の再生であり、用水路やダムの建設による灌漑施設の倍増であった。スペイン人は二十世紀になってやっとそのことに気づいたように思われる。幸いなことに半島の風景は徐々に変化し始めている。未墾の乾燥したスペインの境界は次第に狭まってきている。今日であればウナムーノといえども、風景を眺めて陶酔したりすることはないだろう。長い目でみれば、ホベリャーノスやコスタの批判的・道徳的な見方が、ウナムーノや〈九八年の世代〉の美的・宗教的な見方に勝るものとなることが期待しうる。

他の機会にも指摘したことだが、個人的にいって筆者の態度はより曖昧である。というのも、スペインの風景と向き合うとき、どうしても筆者はブレナンのような内面的な葛藤や分裂をきたしてしまうからである。つまり活動的な主体として同時に傍観者として、また美的であると同時に批判的な視点から、風景というものを見てしまうのである。産業の発展した国々に長いこと滞在したせいで、かなり野性的で荒削りな前近代的風景に惹かれる感受性が身についてしまった。したがって筆者は今日のアルメリーアの翳を帯びた美しさを、観光〈ブーム〉が起きる以前に把握した、最初のスペイン人の一人であったと確信している。その地に着いたときの私の視線は、すでに近代消費社会というものに大方組み込まれてしまった一個人のそれであった。タベルナスの壮大にして燦々たる、石だらけの砂漠――今日では〈西部劇〉の舞台として映画産業の手がかなり入っている――、カルタヘーナからガータ岬へと広がる野趣味あふれる美しい海岸といったものは、アフリカ的であるという理由から、理屈をこねてそうしたものから逃げ出そうとしてきたスペイン人たちの関心を引くことはなかった。彼らがつよく願っていたのは、人間の創造的活動によって洗練され、型にはめられた自然であった。ウナムーノや、その程度は下がるものの、アソリンといった人たちは、古来からカスティーリャの軍事的血統に連なる人々が抱いていた、美的・宗教的理想と合致するかどうかといった点から、風景というものを評価したのである。しかしスペインの風景は良かれ悪しかれ、近代的感受性を具えたヨーロッパ人ないしはヨーロッパ化されたスペイン人の目を通してしか、捉えられはしなかったのである。近代社会で目につく攻撃的な表示物（ガソリンスタンド、スナック、モーテル、看板等）がいかにも人の心をくすぐるようなかたちで、つい最近まで手付かずのスペインの自然に割り込んできた今日、スペイン人は自らの国のありようを違った目で捉えるようになった。そして徐々に失われていく原初の形態を追いかけるように走っているのである。つまり原初のものは、それがエキゾチックで風変わりなものとなる度合いに比例して、実際の魅力を増大していく。逆説的なことだが、近代工業社会の〈経済的〉規範を意識的かつ合理的に採用することによって、先祖伝来の原初的な価値を、情緒的に高らかに謳いあげるという態度を招来しているのである。イギリス人はそのことをよくわきまえていた。彼らはすでに十九世紀の時点でギリシア、シシリア、アンダルシーアといった地方の風景を渉猟し、その中に隠棲していたからである。またフランス人、スイス人、ベルギー人、ドイツ人たちはイタリア南部や絶滅に瀕したスペインの原初的風景を渉猟しつくした後は、心身両面の安らぎを求めて、沈滞したイスラム社会やインドにまで足を伸ばしている。ある民族の体験する発展の遅れは、他の民族の美的観照の対象となるものである。貧困から逃げ出し、仕事を求めてスウェーデンまで〈上って〉いったモロッコ人に対応するのは、モロッコの砂漠で人間性をたっぷり味わうこととなるスウェーデン人である。彼は自分の暮らす消費社会からますます疎外され、そこから逃げ出したのである。こうした矛盾は解決不能であり、今日のスペイン人はそのことをうすうす感じている。半島のヨーロッパ化したブルジョアジーは、いまだヨーロッパ観光業の魔手の及んでいない未開の地をたっぷり味わおうとしている。そして彼らはそうした観光業から隔たり、遠ざかる程度に応じて、かつてのスペインのイメージを懐かしみ、終いにはそこに客観的な洞察を加えたりするのである。さし当たってわれわれが直面している状況というのは、次のような言葉に要約できるかもしれない。つまりスペインはいまだにヨーロッパではない、しかし幸か不幸か、スペインであることもやめてしまった、と。

[訳註]

（1）　ロマノーネス（Conde de Alvaro de Figueroa Torres Romanones, 1863~1950）はスペインの政治家。サガスタの命によりスペイン公教育大臣に、さらに君主空位期間（一九〇五－六）には法務大臣、アルフォンソ十三世の治世には内閣総理大臣を務めた。彼のサガスタへの称賛は大きく、『サガスタまたは政治家』（一九三四）という伝記を著している。その中のエピソードとして、サガスタが米西戦争の敗北にもかかわらず、群衆がアルカラ通りにあった闘牛場に向かう姿を目撃したことを記している。

（2）　セルバンテスの初期の演劇作品『ヌマンシア』第一幕第二場（三六〇行目）に「わたしは独りぼっちの哀れなスペイン」（yo soy la sola y desdichada España!）とある。

（3）　フランシスコ・デ・ケベード（francisco de Quevedo, 1580~1645）の詩集『スペインのパルナッソ』（*Parnaso español*, 1648）の八十八番「キリスト教徒ヘラクリトス、詩編十七」の冒頭の詩句。

（4）　ウナムーノの四つの風景描写的な作品のうちの一つ『スペインの旅と風景』（*Andanzas y visiones españolas*,（1922）Colección Austral, Espasa-Calpe, décima edición, 1975, 21-22）。

（5）　アソリンは『スペイン人から見たスペインの風景』（*El paisaje de España visto por los españoles*, 1917）において、ロマン主義作家エンリーケ・ヒル・イ・カラスコ（一八一五〜一八四六）が生地ビエルソ（レオン）の風景を著書『ベンビブレの男』に描いていることを高く評価して「スペインで初めて文学作品に風景が描かれた」と評している。

（6）　「ファン・ゴイティソロと聖なるスペインの破壊」（Juan Carlos Curutchet,"Juan Goytisolo y la destrucción de la españa segrada", *Revista de la universidad de México*, No. 5-6, Euero-febrero, 1969, 9-14）。

（7）　アルバロ・デ・ルーナ（Alvaro de Luna, 1390~1453）はファン二世の寵臣で、弱い王に代わってカスティーリャ宮廷の実権を握っていた政治家。ルーナはさまざまな圧力を受けた王ファン二世によって、バリャドリードにて斬首刑に処せられた。

（8）　ルイス・ブニュエル（Luis Buñuel, 1900~1983）はスペイン・アラゴン出身の映画監督で、後にメキシコに帰化した。これは二十八分のドキュメンタリー映画『糧なき土地』（*Las Hurdes, Terre sans pain*, 1932）のこと。

（9）　アントニオ・ポンス（Antonio Ponz Piquer, 1725~1792）はスペインの啓蒙歴史家、旅行家。スペイン歴史アカデミー会員。カンポマーネスの命でイエズス会の所有物であったアンダルシーアの美術品の鑑定を依頼されてスペインを旅行した。その知識を書簡形式の『スペイン紀行』（*Viage de España*）全十七巻にまとめた。

（10）　ペレス・デ・イータ（Ginés Pérez de Hita, 1544?~1619?）はスペインの歴史小説家。『グラナダの内乱』（*Las guerras civiles de Granada*, 2 vol. 1595, 1619）を著した。第一巻は、辺境ロマンセやモーロ風ロマンセと

して、広く世に知られていたグラナダ王国の内紛とその滅亡を扱い、第二部ではアルプハーラスのモリスコ反乱について扱っている。

(11) ホアキン・コスタ(Joaquín Costa y Martínez, 1846~1911)はスペインの歴史家、学者、改革派政治家。精神的にスペイン再生を目指した〈九八年の世代〉の先駆者。近代人にとって伝統的な遺物は不要として、伝統を拒絶してスペインのヨーロッパ化と再生を目指した。代表作は『スペインにおける農業集産主義』(一八九八)。コスタが推し進めた運動である、アラゴンの各村が少なくとも百本の木を植樹することを求めた〈樹木の日〉(Fiesta del Arbol)制定スローガンは、後にプリモ・デ・リベーラの独裁(一九二三~一九三〇)における愛国的スローガンとして利用された。故郷は〈小さな祖国〉(Patria Chica)とされた。

ヘミングウェイ氏は闘牛を見にいく

スペインを他のヨーロッパ先進諸国から隔てる深い溝がいまだに存在するにもかかわらず、十九世紀を通じて、スペインの大きな部分を占める周縁地域はダイナミックに動き出している。またわれわれは寄生階級——商取引や手工業についてまわる不名誉に関して、いまだにタブーや偏見を抱いている——が徐々にではあるが、辛い状況におかれて苦悩する姿を目の当たりにしている。彼らはブルジョアジーの新興階級に取って代わられはしたものの、その中に自らを組み込み、手の施しようのない事なかれ主義でもって少しずつ新興階級を汚染しつつも、生き長らえている。ブルボン王朝の復興期に工業化のプロセスは加速し、国民は〈都市化〉を蒙ってプロレタリアートとなった。ビルバオの人口は三百パーセントの増加を見、マドリード、バルセローナでも二百パーセントの増加があった。アメリカ合衆国との戦争によって、バルセローナとビルバオの産業は海外市場のほとんどを失い、経済危機が勃発し、カタルーニャのブルジョア階級（バスクのそれは小規模であった）の愛国的分離主義と同時的に、都市の新プロレタリアートの間で、激しい革命運動が巻き起こった。一九〇九年にカタルーニャ市街で流血の惨事が起きた〈悲劇の一週間〉の後、ブルジョアジーは自分たちを守る能力がないことを露呈した諸政党に信頼をおくことをやめ、ますます軍部の積極的介入に期待を寄せるようになった。一九一七年に軍部はソヴィエトを模範とする革命運動を圧殺し、テロと反テロの応酬でひどく緊張を強いられた一時期の後、一九二三年にはプリモ・デ・リベーラ将軍によって憲法は棚上げされ、王や産業ブルジョアジー、右派の政治グループの援助のもとで、半独裁的性質をもった政府が樹立された。一九二三年から三〇年にかけてスペインは表面上、相対的な平和と安定の時期を迎えることとなる。当時のエッセイストは次のような言葉でその状況を描写している。「スペインは二〇年代の異常とも言える世界的好景気が幸いして、繁栄が長い期間続いた。そして経済発展はあらゆる分野で目覚ましいものがあった。一九二九年の生産指数は全体としてみると、五〇年代の後半に至るまで超えられることはなかった。スペインは経済発展においても遅れをとったとはいえ、ヨーロッパに後をついて行ったのである。インフラも少しずつではあるが整備され、低開発国と見なされることもなくなった。それによって将来の経済的テイクオフ〔離陸〕のための合理的基盤が整ったのである。一九三〇年にはすでにスペインは国の北部・北東部に限定されはしたものの、工業地帯を抱えた経済国家となっていた。それとは対照的に地方では、農業構造は停滞し、道路網や物流システムの欠陥は現実の問題となっていた」。

〈幸せな二〇年代〉においてスペインはある外国人の訪問を受ける。その名は当時知られていなかったが、まもなく文学の分野で世界的な名声を獲得することとなるアーネスト・ヘミングウェイである。駆け出しの小説家であったヘミングウェイは他の多くの点でも同様だったが、ガートルード・スタイン(1)（一時も離れがたい女性アリス・トクラスをいつも同伴して、エル・ガーリョやホセリートの素晴らしいカーパ裁きを見ようと、スペイン中の闘牛場を渡り歩いていた）の大きな影響力に屈するかたちで、生と死のおりなす舞台が心行くまで堪能できる世界で唯一の場所に赴こうと心を決していた。当時は、世界中でほとんどの戦火が止んでいたのである（見せ掛けのロカルノ条約が結ばれた時代で、アンドレ・マルローひとりが後の中国の共産革命を予見していた）。ジョージ・ボローは聖書の福音を広く伝えんとスペインにやってきていた。ヘミングウェイは闘牛を実際に自分の目で見たいと思っていた。このアメリカ人作家は『午後の死』の第一章で、かなり説得力ある筆致で、自らの闘牛への情熱を語っている。アングロサクソンの国々は周知のごとく動物愛護団体の揺籃の地であったので、闘牛は野蛮な熱狂だと捉えられていた。「ぼくの観察からすれば、およそ二つのグループに分けることぐらいは出来そうだ。心理学の通り言葉を使わせてもらうと、動物に感情移入をする、つまり動物の立場に身を置く人間と、人間の側に身を置く人間の二種類である。経験上また観察上、自己を動物に感情移入する連中、つまり、犬やその他の動物のほとんど職業的な愛好者連中の方が、たやすく自己を動物に感情移入しない人達よりも人間に対していっそう残酷たりうる、とぼくは信じている」〔佐伯彰一、宮本陽吉共訳〕。ヘミングウェイは同国人の道徳的な反論を見越したように、さらにこう述べている。「ところで、道徳のことだが、現在のところぼくには、やったあとで気持ちがいいのが道徳的で、後の気持ちが悪いのが不道徳的なことだ、としか思えない。こうした基準を弁護はしないが、この基準によって判ずるところ、闘牛はぼくには、きわめて道徳的なものである。闘牛のさいちゅうも大へん気分がよく、生と死と人間の寿命と不滅性を感得させてくれるし、終ったあとでも、強い悲哀感はのこるが、気分がいい」

こうした判断基準は議論の余地なく有効であろう。そうした判断に照らしてみれば、闘牛は結局のところ、私にとって中程度に不道徳なものである（その理由は後で明らかにする）。ヘミングウェイは別の国、異なる別の社会からやってきて、闘牛というものを何の屈託もなく、傍観者的に純然たる美的視点から検証している。闘牛の〈社会的〉といったものに対する関心はなく、あっても二次的なものにすぎない。ヘミングウェイは闘牛といったものの中に、民族が長年の己のタブーを解放せんとし、自分のへその緒を眺めるかのような自己陶酔感にひたって、聖事に関わる儀礼書の中で、身じろぎもせずじっとしたままでいる、そうした民族の見世物を見い出したとしても、そのことによって、道徳的価値観や洞察力をそなえたスペイン人が受けるほど大きな影響を受けたりはしない（実際にそうした資質をもったスペイン人は、存在するのである。多くの外国人は信じないかもしれないが）。このアメリカ人作家にとって、何よりも大きな問題とされているのは、他のいかなる要素（社会的、経済的要素）にもまして、闘牛というものを芸術面から分析することなのである。それはトマス・ド・クインシー[2]が殺人に関する考察に没頭したあげく、殺人を「芸術のひとつ」とみなしたのといささか符合するものがある。だからといってわれわれは、ヘミングウェイが『阿片吸飲者の告白』のアイロニーに満ちた攻撃的な不道徳性を信奉していたなどと思っているわけではない。ヘミングウェイは快楽主義を標榜してはいるものの、ユダヤ・キリスト教的なモラルからあまりに遠ざかりすぎることを決してよしとはしなかった。結局、彼の闘牛についての解釈というのは、基本的に言って宗教性を帯びたものである。とはいえ、モンテルラン流[3]の民俗的で天衣無縫な方法とは異なり、スペイン黄金世紀の霊性を直感的に認識していたことを窺わせるような、内面性といったものがあった。人が死に対し反逆するときには、一言で言って、神が自由に死を与えるような、そうした自由裁量権を嬉々として行使するということである。つまりこうした権利を自由に行使することができるという自尊心――そのことで闘牛士は神と張り合うべき存在となる――こそ闘牛の本質となっているのであり、すべての偉大なマタドールたちの一義的な徳性である。イギリス人やフランス人は生命にのみ心を砕くが、それに対し、スペイン人はヘミングウェイが言うように、生命は死の前に存在する何ものかである。彼は一方でガリシア人やカタルーニャ人の性質と、カスティーリャ人との性質の違いについて述べた後、後者に関してこう記している。「カスティーリャ人は死に関して、深く思いを致している。そこで彼らが宗教を持つということになれば、生は死よりもずっと短いということを信じることとなる。こうした感覚によって死に対して知的な関心を寄せるのである。したがって人が死を与えたり、避けたり、拒絶したり、受け入れたりするさまが見られるとあれば、午後の一時に、嬉々として所定の入場料を払い闘牛場に赴くのである」

ヘミングウェイは闘牛士の形而上的な誇りといったものを復権させると同時に、闘牛という見世物のもつ美が、極めて大きく闘牛士の名誉によって左右される、というふうに捉えているが、それはまさしくスペイン的名誉観といったものを、カスティーリャの旧キリスト教徒的血統に近い視点から分析するものである。「名誉観（pundonor）とは、自己との関わりにおける名誉、実直さを意味するもので、たった一言で言えば、それは価値と誇りである」。しかし興味深いことに、ヘミングウェイは闘牛について個人的な解釈を加える際に、根底にあるはずの性的要素を常に用心深く避けているのである。かつてジョルジュ・バタイユは、闘牛の祝祭に備わる血腥く残虐な側面——いつでも意識的なかたちで演じられる生の破壊という名の見世物の中で見せられるのは、内的かつ秘密の、本質的狂気を帯びた興奮である——に惹き付けられた。そして一九二二年五月七日に、片方の目を牛の角で突かれて死んだ闘牛士グラネーロのことが、美しい『眼球譚』[4]という光彩を放つ書物の一部を着想するきっかけとなった。エドモンド卿とシモーヌ、および語り手はスペインの闘牛場に射す熱い陽光のもとで、自分たちの欲求に沿ったかたちの快楽をついに探し当てたのである。

私の理解によれば、闘牛の美学を生み出そうとするヘミングウェイの努力は、救いようのない障害にぶち当たっている。それはつまり闘牛というものが、ダイナミックで啓発的かつ永続的なかたちで、人間の意識の上に働くことなどないし、働くこともできないという単純な理由で、芸術たりえないし、たりえなかったし、今後もたりえないだろうからである。五十歳以下の読者がホセリートやエル・ガーリョ、ベルモンテ、マルシアル・ラランダなどについての記述（素晴らしいものもままあるが）を読んでみれば、そこに見出すのは、本来のモデルそのものというよりも（というのも実際に彼が見たこともないし、痕跡を残さず姿を消した者たちだからだが）、ヘミングウェイ自身の才能や芸術、個性の表現といったものである。今日、ラガルティホやフラスクエロ、ゲリータなどという闘牛士たちは、今では使われない旧式自動車のようなもので、まったく意味のない存在である。唯一語るべきことがあるとすれば、それは同時代人の心の記録に呼び覚ました感動くらいなものである。ヘミングウェイはそのことをわきまえて、こう書き記している。「画家のキャンバスは画家とともに消え去り、作家の書いた書物は自動的に死とともに滅び去り、それを読んだ読者の記憶の中に存在するだけだ、というふうに想像してみることにしよう。まさに闘牛についても同じことが起きるのである」。とはいえ次のようにも付言する。「芸術、方法、改良、発見というものはそのまま残っていく」。フラメンコの歌い手や踊り手、闘牛士は、往々にして自分たちの職業を芸術とみなしている。ヘミングウェイの断定的な言葉には驚かされる。もしわれわれの言葉が何らかの意味をもち、われわれの判断が何らかの裏づけをもつべきだと考えるのなら、計り知れないほど下等な部類に属す活動に〈芸術〉といった呼び名を与えることはできない。

ここ十五年間、私はかなりの数の闘牛を見てきたし、闘牛士と何人も知り合いになった（一九五九年にはヘミングウェイと、マラガからニメスまで行動を共にした。まさに彼が『危険な夏』を準備していた時期に重なる）。もし私の経験に何らかの価値があるとしたならば、私の付き合った闘牛士（ドミンギンを除く）たちは一様に、貧しさから脱出するために闘牛士の道を選んだものばかりであった。彼らにとって闘牛のもつ形而上的意味などは全くどうでもいいことであった。彼らの知性、関心、好み、気まぐれといったものは、〈イエイエ〉〔一九六〇年代に流行した音楽・風俗〕の歌手たちのそれと、全く違いはなかった。彼らのうちの何人かと付き合う中で、叩き上げで出世したスペイン人成功者の人格といったものをつぶさに見て取ることができた。限りなく貪欲で、成功できなかった者たちを見下す、とてつもない傲慢さに満ちみちたそうした人格である。ヘミングウェイは間違いなく、闘牛界の腐敗した雰囲気に対して鋭い感覚を持ち合わせていた（それはボガートがボクシングについての有名な映画[5]で告発したもののスペイン版とも言える）。ヘミングウェイは〈老婦人〉との仮想の会話の中でこう記している。「私の知る限り、金銭にまつわる話で、闘牛のそれほど汚れたものは見たことがない。男の価値は闘牛で受け取る金の多寡次第である。しかしスペインでは、部下に払う額が少なければ少ないほど、男っぷりがいいという感覚があるのである。したがって人は自分の部下を、奴隷に近い境遇に追いやれば追いやるほど、男としての価値を感じる、ということである。このことが正しいと言えるのは、特に最も貧しい社会層から這い上がってきたマタドールたちの間である」。もしこうした闘牛士の世界（汚い利害がからんだ利己主義的で空しい世界）に、今日ある大土地所有制の維持における大牧畜業の責任を付け加えるならば（アンダルシーア、エストレマドゥーラ、サラマンカには、土地をもたない幾千もの農民に仕事を与えることができ、利殖とは全く縁のない雄々しい闘牛を飼育するための、広大な牧草地が存在する）、どういうわけで、利点と難点、思索と行動、美学とモラルという部分で、前者よりも後者の要素のほうがずっと勝っているのかが容易にわかろうというものである。したがって私にはヘミングウェイとは逆に、闘牛というものがかなりいかがわしいものと思われるのである。

闘牛場に詰め掛ける多くの闘牛ファンの中で、死すべきものと不死なるもの、生と死のドラマを味わおうとして入場券を買い求める者の数は、日曜日ごとに〈化体〉の神秘（パンとワインがイエスの血と肉に変化する）について瞑想すべく、ミサに集まってくる信者の数に決して勝るものではない。絶対多数は興味本位で闘牛場に足を運んでくる者たちばかりである。彼らは見世物のもつ華やかな雰囲気に惹かれ、見物したり見物されたりすることを求めてやってくる。時として、そうとう暗いかたちだが、バタイユの描く主人公たちの動機と同様に、普段抑圧されている衝動を解放させるべく、流血を眺めるひそかな楽しみを享受すべく、闘牛場に足を運ぶ者もないわけではない。闘牛のこうした側面は、今日、ほとんどが好奇心から見る者、初めて目にする者、観光客などからなる大衆と、衝突を起こさないようにとの配慮から、大闘牛場においてはカモフラージュされて、表に出てくることはない。国民的祝祭は日々、商業化の波にさらされていて、外国人の頻繁な出入りが増すにつれ、かつての儀式は〈文明化〉し、品質の低下をきたしていく。しかし雄牛の角にひっかけられて命を落としたバレリートが、その少し前に、牛への近寄り方が不十分だとして野次の口笛を吹かれた際に、群集に向かってこう繰り返して言ったのは、間違いではなかった。「ようしわかった、これで気がすんだか、もう引っ掛けられたんだ、これで気がすんだか、お望みどおりしてやったぞ、もうこれで気がすんだか、引っ掛けられたんだ、引っ掛けられたんだ」。ヘミングウェイはそのときこう記している。「闘牛においてはいかなる駆け引きも、牛に苦しみを与えることを目的としてはいない。苦しみは出来事であり、目的ではない」。彼の言葉はある点までヨーロッパ化され、何十万もの観光客を惹き付ける大都会の一部に組み込まれた闘牛については、それを適用することが可能である。しかし、もしそれを村の祝祭や闘牛の興行――サン・フェルミンの観光化した闘牛などではなく、半島のさまざまな地方や農村地域（特にカスティーリャやバレンシア、ムルシアなど）で催される、いかなる宣伝も触れ太鼓もない闘牛に当てはめたときは、実情とぴったり合致するわけではない。

私は強烈な感動を追い求め、闘牛に秘められたいくつかの座標（犠牲とリビドー、性的衝動と流血の間にある関係）を理解しようとする者には、アルバセーテ地方の一連の村々（エルチェ・デ・ラ・シエラ、イエステ、パテルナ、ソコボス）で八月、九月に連続して執り行われる闘牛をごらんになるようにお勧めする。そこではパンプローナのように闘牛が街中を疾走した後、俄仕立ての催し場において、牛の死の儀式が執り行われるが、死には村中の人々が関与するのである。つまり見習いの若い闘牛士たちがありふれたパセ〔闘牛士が動かずにカポーテやムレタを使って牛を動かすこと〕をやっている間に、観客たちはさまざまな武器や投擲物でもって牛に襲い掛かるのである。つまり棍棒や杭、石、ビンなどである。一時間かそれ以上の間、雄牛はあらゆる無体を蒙り、ひどい目に遭わされ、痛めつけられる。ファンの一人が棒で目をえぐり取ろうとすれば、別の者は肉切り包丁でばっさりと尻尾を切り取る始末である。また別の男は大きな敷石でもって背中に一撃を加える。女たちといえども安全地帯に身を隠しつつ、楽しそうに金切り声を上げ、男たちを大声でけしかける有様である。雄牛がついに倒れこみ、屠殺人が頭部を切り落とすと、若者たちが死体を足蹴にすべく駆け寄り、その上に転がり、ハンカチを牛の血で浸すのである。闘牛の肉はその晩に肉屋で売られ、今でもよく覚えているが、ある時など、売れ残りを溜め込むことがないように、土地のお偉いさんたちの命令に従って、牛のうちの一頭が殺されずに最後までとっておかれ、血を流してびっこをひき半分目をつぶされた牛が、牛舎に連れてこられ、翌日再び闘牛に駆りだされて、お祭り期間中の村人たちの、通常の消費に回されるということがあった。私が二十四時間もそのような状態で生き延ばされた牛のことが少し心配になって尋ねたところ、こういった答えが返ってきた。

「なあに心配にはおよびませんぜ、旦那。牛舎は快適だし、村長も言ってたでがしょう、牛にはうまそうな飼い葉をたっぷり与えておけって。おっさん、そりゃ良い一日が楽しめるってわけでさ」。

ヘミングウェイは単調そのもののさまざまな闘牛技の説明と、マタドールたちの生き生きした姿の描写の間に、卓越した文章力を発揮して、スペインの風景の最良のアンソロジーに、当然至極に掲載されるべき土地についての描写を、いくつか差し挟んでいる。たとえばアランフエスの緑のオアシスについては、「ベラスケスの画布に描かれた遠景に見られるような広い並木道」だが、日差しが照りつける恐ろしいほど殺風景な土地にある闘牛場の周りには、乞食やいざりが周りに住み着いている。「街は並木道が尽きるところまではベラスケスだが、闘牛場に至るところまでは、突如としてゴヤの世界が出現する」。あるいはスペインの理想的土地であるロンダについての、印象深いアフォリズム。「新婚旅行や逃げ場のための土地。どこまで遠くに行けども、あらゆる方向が手に取るように見渡せる街全体。それも単にロマンチックな背景にすぎない……もしあなた方の新婚旅行や逃避行がロンダでうまく実を結ばないなら、そこをさっさと立ち去るにしくはない……そして互いに自分の身の回りで、友情を探し求めることだ」

ヘミングウェイは闘牛やスペイン的風景と同時に、イベリア半島のワインも発見している。その分野での造詣の深さは掛け値のないものであり、重厚な考察に付け加えるべきものは何もない。考察に関しては、『午後の死』の末尾に挙げられた語彙集に要約されたものを見れば思い半ばにすぎよう。とはいうものの、私が近年習慣的にフランスに居住した経験から言うと、フランス・ワインに関する自分の好みに照らし合わせると、この地のスペイン・ワインの評価はフランスびいきもあるが、かなり低いと言わねばならない。たとえばリオハ産のワインはスペイン国内では、絶妙な香りをもつ最高品のひとつとされているが、フランス人鑑定家にしてみると、ボルドー・ワインとの近接性が過剰のように思われて、むしろ洗練さは劣っていても、もっと独自性のあるワインのほうを好むのではなかろうか。こうした見方からすると、より満足のいくスペイン産の白ワインとしては、ラ・マンチャ産（バルデペーニャス）やガリシア産（フェフィニャネス）などが挙げられる。ロゼ・ワインとしては、カタルーニャのものが賢明とされるが、フランスやモロッコ、アルジェリアのものとは比較にならない（レオンのカカベロス、ナバーラのセニセロスなどは最良と言えるかもしれない）。クラレット・ワインとしては、バルデペーニャス、アルブニョル、キンタナール・デ・ラ・オルデンや、カスティーリャ地方のものがいい。赤ワインの中で私のお気に入りは、カステル・デル・レメイ（カタルーニャ）やベニサレム（マリョルカ）である。フミーリャ（ムルシア）やカリニェーナ（アラゴン）のワインは美味だが、アルコール度数が高いので（十三度から十八度）、食事のお供とするにはふさわしくない。ところがよく冷やして飲めば、最高のアペリティフになること請け合いである。

しかしここらへんでヘミングウェイ、ワイン、闘牛とはお別れし、ウォール街の株暴落による世界恐慌の時期のスペインに目を転じてみることにしよう。まさにスペイン史上最も深刻な痛みを伴った悲劇を経験する前夜のことである。

[訳註]

（1） ガートルード・スタイン（Gertrude Stein, 1874~1946）はアメリカのユダヤ系女流作家、詩人、美術収集家。パリの自宅をピカソやマティス、アポリネールなどの芸術家が集まるサロンとして提供し、多くの著名人の知遇をえた。一九一五年には同じ女性のアリス・B・トクラスを同伴してスペイン旅行を行った。彼女とは同性愛の関係にあり、後に『Q・E・D』でその秘密の関係を明らかにし、『アリス・B・トクラスの自伝』と題した自らの自伝は評判を呼び、一躍、彼女の名前を世に広く知らしめた。

（2） トマス・ド・クインシー（Thomas Penson de Quincey, 1785~1859）はイギリスのエッセイスト。自伝的作品の『イギリス人阿片吸飲者の告白』（一八二二）で一挙に有名になった作家。また『芸術作品としての殺人』（一八二七）という作品も残している。

（3） アンリ・ド・モンテルラン（Henri de Montherland, 1895~1972）は、フランスのエッセイスト、小説家、劇作家。アカデミー・フランセーズ会員。自損事故で片目を失明し、晩年には両目とも不自由となった。反女性的で女性嫌いの作品『若い娘たち』（一九三六―一九三九）で一躍、名声を得て世に出た（十三カ国語に翻訳されたベストセラー）。

（4） ジョルジュ・バタイユには有名な『エロチシズム』（一九五七）以前に、オーシュ卿という名の匿名で書いた『眼球譚』(*Histoire de l'œil*, 1928) という作品がある。これは「二十世紀の文学史上、最大の異端文学」という呼び名が高いポルノ的奇書(訳書、生田耕作訳、河出書房新社)。

(5) ハンフリー・ボガートがボクサーのマネージャーとして出演した『倒れるまで』(*Kid Galahad*, 1937) のこと。ボガートは大金をせしめるために自分の選手に乱打戦法をとらせて、わざと負けさせようとした敵方のマネージャーを狙撃し、逆に殺される役柄。この映画はお金で勝負が左右されるボクシング界の腐敗を告発している。

一九三六〜一九三九年のカインとアベル

一九三〇年一月にプリモ・デ・リベーラ将軍は政治の舞台を去ることとなり、十五カ月後に総選挙が行われることとなった。この選挙はさほど重要ではないように思われたが、それが一転、主要都市部で共和派の思いがけない勝利という結果をもたらした。一九三一年四月十四日、バルセローナとサン・セバスティアンは共和制を宣言した。マドリードでは市民警察の長官サンフルホ将軍が、体制支持の姿勢を引っ込め、王党派のロマノーネスは共和派政党の指導者と交渉に入った。数時間後、王は退位を余儀なくされ、一滴の流血もみることなく第二共和制が発足した。

新たな政府につきつけられた数多くの困難な問題（農地改革、労働争議、軍隊の反感等）の中でも、最も複雑な問題は、間違いなく、バスクと特にカタルーニャにおけるナショナリストの運動が盛り上がったことである。こうした国民感情は何世紀もの間、眠らされてきたものだが、十九世紀の後半を通じて次第に覚醒してきた。それは半島の他の大部分の地域と、カタルーニャ地方の間の社会構造の違いが、次第に際立ってきたことに起因する。ピエール・ヴィラールはいみじくもこう述べている。「カタルーニャでは活動的なブルジョアジーが存在していて、あらゆる種類の中間富裕層が個人レベルの労働、貯蓄、努力を涵養している。彼らは保護政策、政治的自由、購買力の拡大に大きな関心を抱いている。ところがスペインの他の地域では、いまだに旧態依然たる生活様式が支配的である。農民は売るためではなく自らが食べていくために畑を耕している。労働者はお金をためて投資しようなどとは考えない。郷士は面子を失わないために軍隊や教会に避難所を求めている。マドリードの中産階級は政治や行政に活路を見出す……産業の立ち遅れた地方においては、

進取の気質をもった、豊かな生活をおくるカタルーニャ人セールスマンに対する、攻撃というものにしばしば遭遇する。そこには前資本主義的心理の持ち主たちが、お金をもった人間に対して抱くあらゆる皮相主義が込められている。かくて二つのイメージが生まれる。カスティーリャ人はカタルーニャ人に、そっけなさ、利潤追求、偉大さの欠如などしか見ないのに対し、カタルーニャ人はカスティーリャ人に、怠惰や誇りしか見て取ろうとはしない。カタルーニャ人における政治と、

カスティーリャ人における経済、という互いの劣等意識が、乗り越えがたい不信を生むこととなった。言語はそうした不信を裏づける印であり、過去はたえず論争の火種となった」

第二共和制時代、実際にカタルーニャ問題は、新体制に反対する異なる党派（王党派、軍部、教会、中産階級、産業の立ち遅れた地方のプチ・ブルなど）が一致団結する上での接合役となった。こうした党派は一九三二年（サンフルホの軍事クーデターの失敗）以降、大っぴらに新体制転覆を企てた。そのわずか前に創設されたファランヘ党および新しいファシスト・グループの用いる言語は、カスティーリャの軍事的血統に連なる人々が抱いていた、古臭い帝国的理想の源泉から汲みとられたものであった。その理想とはキリスト教騎士や神秘主義者、戦士たちの抱いたものであり、自らの存在様式や生活様式に細心の注意を払い、〈上長への服従〉〈詩的命令〉[1]〈戦闘配置〉などを称揚するものであった。ホセ・アントニオ・プリモ・デ・リベーラ[2]にとって、スペイン人とは〈永遠の本質〉を具えた存在であり、そうしたものとして他者の上に立って支配と影響を及ぼす使命を帯びていた。それゆえに、こうした集団の教義上のプログラムというのは、恐ろしく反カタルーニャ的で反ユダヤ的なものとなる。つまりユダヤ人追放から四百年経ってなお、ユダヤ人は〈スペインの和解し得ない仇敵〉のままなのである。ファランヘ党の言語と文体は全くの時代錯誤であったが、その社会的なデマゴギーはスペインの大きな部分を構成する農村や都市部に基盤をもつに至った。そうした地域は従来から教会と前産業的メンタリティによって苦しめられてきた所であった。新たな集団は創設当初から、数多くの軍部のリーダーや教会上層部との密接な連携を有していた。それと同時にムッソリーニのイタリアから物質的援助も期待することができた。マヌエル・アサーニャのような共和派指導者は途上に介在する障害物をたくみに回避しようとしたが、提起された諸問題はブルジョア的自由体制の枠組みの中ではとうてい解決がつくものではなかった。元々の反対者とかさまざまな目的をもった者たちが合流し、ついに努力の結果を表明することとなる。それがオルテガ・イ・ガセーやマラニョン、ペレス・デ・アヤラなどが呼びかけ人となった「知識人共和国」である。それは一九三六年七月の悲劇的試練に直面することとなる。共和国の主宰者たちは「共和国」から離脱し、前言を翻して妥協し、中にはマラニョン(3)のごとく、理念を骨抜きにする権威主義的体制と協定すら結ぶに至った。

スペインにおいて究明されるべき諸問題の重大性を理解するには、その日付の多様性をしっかり踏まえる必要がある。たとえばフランスやイギリスで中産階級が中産階級たる意識を身につけて、責任を果たしていたそうした時期に、スペインでは前に述べた理由によって、近代世界の発展に伴って果たすべき指導的役割を、不健康な体質があだとなって、どうしても果たすことができないことを露呈してしまった。一九三一年の時点で、スペインは国家の中世的構造を払拭するのに必要な、産業化や農地改革をいまだに果たせずにいた。銀行制度の大がかりな発展や初期独占資本の形成といったものが生じたとき、これら新たな産業社会の特質ともいうべき現象が、十九世紀ならではの社会的状況や緊張全体と平行するかたちで生み出されたのである。わが国の政治的矛盾や中産階級の未熟さの原因は、過去の時代に遡る経済的事実の相互関係の中にこそある。スペインにおいても少しずつ、生産と社会的対立にかかわる一連の問題が生じていたが、フランスやイギリスのように、それと同時的に、問題の埋め合わせとなりうる要素が出現することはなかった。かくて発展途上国の伝染性の宿痾たる、歴史的状況の混乱が生じて、議会民主主義や多党制に基づく体制上の安定性が妨げられてしまったのである。

スペイン中産階級はつい最近に至るまで、大土地所有制（狩猟区、未開拓地、闘牛飼育）という封建的遺物にあえて立ち向かおうとはしなかった。中産階級たる意識を獲得したときには（フランスのそれとは一世紀の遅れをとった）、労働者階級もまた目覚めていたことが原因となって、通常の発展を遂げることができなかった。かくて民衆の支持をえられなかったスペイン中産階級は、これらの改革に反対する封建勢力と協定を結ぶことを選んだのである。因みにヨーロッパの中産階級は、民衆の支持が得られたために大改革を成し遂げることができた。このようにして、彼らは中途半端なかたちでしか、歴史的使命を果たすことができない定めとなってしまったのである。彼ら本来の観点からすれば、出来の悪い中産階級とでも言おうか。ここ百年間のスペイン史は、大土地所有者、マドリードの官僚や為政者、カタルーニャやバスクの〈進んだ〉中産階級の間の、対立した利害関係の、いつまでも解決をみない調整期間のようなものであった。最後のグループは元来、時代錯誤の中央集権的・封建的体制には反対していたが、最終的にそれと妥協して、万人にとっての幸せとなるべき協約の条件を練り上げた。前に述べた諸問題の犠牲になって崩壊したとはいえ、第二共和制時代においては、産業的中産階級がカタルーニャやバスク地方で民主的改革を推し進めていた間に、未開発地域の農民層は社会的抑圧の体制下におかれていた。産業的中産階級はカタルーニャとバスクの文化的自由を支持する立場にありながら、アンダルシーア、カスティーリャ、エストレマドゥーラの農民大衆の人間的尊厳を踏みにじったのである。

一九三六年に人民戦線が選挙で勝利を収めると、土地をもたぬ農民層と産業労働者階級は突如として政治的意識に目覚め、一九一七年や一九二三年と同様、中産階級を軍部の保護の下に追いやった。カタルーニャとバスクにおいてすら、階級的利害がナショナリズム的感情に勝るものとなった。産業の担い手たる中産階級に突きつけられたジレンマは、かつてカトリック思想家ドノーソ・コルテス(4)が、一八四七年の共和国議会で明らかにしたものと依然として変わりがなかった。「前に述べたように、問題は自由と独裁の間にあるのではない。もしそうだとしたら、私は自由のほうに投票するだろう……しかし問題は次のようなことである。つまり反逆者の独裁か政府の独裁か、そのどちらを選択するかである。自分のケースに即して言うと、私は過酷さや屈辱感といった面が少ないと思うので、政府の独裁のほうを選ぶ。それは下からの独裁と、上からの独裁のどちらを選ぶかという問題でもある。私は上からの独裁のほうを選ぶ。結局、匕首《あいくち》の独裁とサーベルの独裁のどちらを選ぶかという問題でもある。わたしはサーベルの方を選ぶ。なぜならば、そのほうがより高貴だからである……あなた方はいつも民衆的なもののほうに投票すればよろしい、われらはいつもより健全なもののほうを選ぶとしよう」。一九三六年に関して言うと、〈反逆〉というのは下からではなく、上からやってきた。国において民衆レベルの総動員が起こったとしたら、それは共和国を覆そうとするクーデターに対する返答であった。

一九三六〜三九年のスペイン内乱は二十世紀の段階で、世界の世論を最も熱くし、二分した出来事の一つであったことだけは間違いない。さまざまな性格の動機（宗教的、政治的、思想的）によって、スペインはあらゆる世代の男女が注目する場所となった。彼らがスペインに求め、そして見出したのは、全体的な経済危機が先鋭化し、ヨーロッパ中産階級が二つの火の間に挟まれていると感じた時代に、生きていくべき理由と期待すべき理由、戦って死んでゆくべき理由であった。二つの火とは共産主義とファシズムであり、ソヴィエト革命の疑いを容れぬ強固な団結と、ヒトラー体制の増大する脅威であった。だとすると、流血の三年間に起きたことをテーマとする文学がきわめて多く世に現われたとしても、異とするには当たらない。大方、小説化された証言（マルロー、ヘミングウェイ、オーウェル、ベルナノス）であれ、歴史的研究（ブレナン、トーマス等）であれ、関心のある読者は今日、異なる主役たちの責任の所在を、公平かつ客観的なかたちで把握するべく、数多くの資料を手にすることができる。一八〇八年と同様、この三年間にスペインは異なるヨーロッパ列強諸国が紛争の決着をつけ、自分たちの武器を試す戦場と化したのである。一九三九年四月一日に戦争が終結したとき、残された結果は惨憺たるものであった。百万を数える死者、同じ数の亡命者、五十万を越す囚人。農業と産業はほぼ壊滅状態となり、一人当たりの国民総生産は一九〇〇年当時に及ばないほど低下した。

政治的、社会的、軍事的、経済的、外交的といったさまざまな側面の分析は、複雑そのものであり、ここで扱うことはできない。関心のある向きは、数千とはいわずとも何百ものモノグラフィー的著作に当たることができる。なかでも五十かそこらのものには掛け値のない価値がある。本書のもつ限界から、私は特に問題のスペイン的な側面に触れるだけで満足することにしよう。つまりそれは暴力である。不寛容、疑惑、気遣いの起源については、すでに以前分析したが、それらの長い伝統によって、かなりはっきりしてきたのは、あまりの強烈さにあらゆる証人が驚愕したある現象が、身近に一般化している事実である。ピエール・ヴィラールはこう述べている。「一方に最悪の銃殺に祝福の言葉を与えた司祭たちがいたとすれば、他方で墓場まで聖職者を追い詰めていった群衆が存在した。それは対抗宗教改革の息苦しい雰囲気の下にあって、解放されたいとする本能との戦いの中で、十五世紀以来しっかり守ってきた死と瀆聖の概念を、同じ水源から汲んできた一宗教と一反宗教との戦いであった。ゴヤの『気まぐれ』、ウナムーノの苦悶、ブニュエルの映画。スペインは常に自らの過去を相手に、激越な危機を多く抱えつつ、内なる不安におののくような戦いを戦うのである(5)」

今日、イベリア半島のあまり人の行き来のない地方の、さほど大きくない街道をあえて歩いて行こうとする旅行者が遭遇するのは、復讐心と憎しみに満ちた墓碑銘のついた数多くの墓石である。一度、私もアルバセーテの荒涼として峻険な山岳風景のど真ん中に据えられた石の十字架の粗雑な台座部分に、次のような碑文が刻字されているのを見て、ぎょっとしたことがある。「五人のスペイン人紳士がこの地でイェステの赤野郎に暗殺された。彼らの魂のためにお祈りと追悼を」

これは苦悶のうちに生き延び、消え去ることを断固拒もうとするいちスペインの亡霊的なイメージである。ゴヤの版画やブニュエルの映画による悪魔祓いの甲斐もなく、旧態依然としたスペインと同じスペインが、ある日ウナムーノにこう叫ばせることとなる。「修道院を焼き払った一つの礼拝儀式は、もはや今日び、異端者を焼くわけにはいかないので、香を焚き染める別の礼拝儀式に敵対するのだ(6)」

頑迷固陋のスペイン、カインとアベルの祖国。

[訳註]

（1） 詩的命令（imperativo poético）とは、詩が言語をもって美なるもの・完成されたものを希求させるように、言葉の力によって、そうした理想を追求させる内的力のこと。一種のスローガンやモットー。「ファランへは常に完成を目指す運動である。行動の美しさと善を希求するものであるがゆえに、すべての行動が熱と歓びを与える〈詩的命令〉によって動かされることを求める」（Antonio Alvarez Pérez, *Enciclopedia intuitiva, sintética y práctica iniciación profesional*, 1971, Valladrid, Lec. 12. "imperativo poético", 997)。

（2） プリモ・デ・リベーラ（José Antonio Primo de Rivera, 1903~1936）はスペインの政治家。軍人で一九二三年に軍事クーデターで時の政府を倒し、アルフォンソ十三世によって承認され、首相となった父ミゲル・プリモ・デ・リベーラ（一八七〇―一九三〇）の息子。一九三三年に右派のスペイン・ファランヘ党を組織し、党首となった。一九三六年二月の総選挙で敗れ、左派の人民戦線によってアリカンテで投獄されるも、そこから七月十八日のフランコによる一斉蜂起を呼びかけた。

（3） グレゴリオ・マラニョン（Gregorio Marañón, 1887~1960）はスペインの内分泌医、科学者、歴史家、作家、思想家。スペインの歴史、言語、芸術、医学、自然科学の五分野の王立アカデミー会員。スペイン内戦が始まった一九三六年に人民戦線のマドリードにおける残虐行為に恐れをなし、他の仲間（「知識人共和国」のメンバーであったオルテガやペレス・デ・アヤラ）ともども、スペインを脱出してフランスに亡命したが、マラニョンが亡命先や南米から、人民戦線政府に対する手厳しい批判を行ったところから、フランコは彼の帰国を許し一九四二年にマドリードに戻ることができた。

（4） ドノーソ・コルテス（Donoso Cortés, Juan 1809~1853）はスペインの哲学者、政治家、外交官。保守的思想の持ち主で、自由主義体制のもとでスペイン王室を支えた。貴族とブルジョアからなる中道主義（moderantismo）を支持し、マリア・クリスティーナの信頼厚く、カルロス戦争ではイサベル派の側に立った。

（5） Pierre Vilar, “Páginas de la Historia contemporánea de España”, en *Boletín de Información de Intelectuales Españoles*, 1960（junio-julio）No. 12, México, 16.

（6） Miguel de Unamuno, *op. cit.*, 152.

ジェラルド・ブレナンはわれらの戦後を分析する

一九四九年、ジェラルド・ブレナンは十三年ぶりにイベリア半島南部および中央部の地方を数カ月間にわたって見て歩いた。そしてイギリスに帰国してから旅の印象を綴った一冊の本を出版する。それが『今日のスペイン』(*La faz actual de España*) である。ボローはわが国に聖書的なメッセージを宣伝しに、またヘミングウェイは闘牛を見物にやってきた。ブレナンの目的はもっと広く、よりいっそう複雑であった。『スペインの迷路』(一九四三) の著者はスペイン語をよくし、スペインの歴史と文学に通暁していた。彼はかつて内戦が始まって数カ月までアンダルシーアで七年間暮らしたことがあった。内戦の原因や起源についての彼の解釈は、今日でも依然として、その分野で最も説得力があり確固たるもののひとつである。『スペインの迷路』の中でブレナンは、分別をもって冷静かつ遠慮がちに、共和派の視点を弁護している。しかし一九四九年にスペインを訪れる決意をした際、彼はスペイン内戦後の状況を分析しようというのではなく、スペインという国の本質的な特徴、性格というものに関心を集中させようとした。あるいは彼自身の言葉を用いれば、〈最も不変的な本性〉といったものにである。ブレナンは客観的ではあっても、そのことでスペインに対する深く輝かしい共感を追いやることのない態度でもって、スペイン史上最も困難で厳しい時代のひとつに生きたスペイン人の生を叙述したのである。旅行記を読んでみれば、二千万かそこらの人口であった当時のスペイン人たちの生の実相が、あたかも映写機を通して見るかのように、写実的で正確に浮かび上がってくる。読者は時としてボローの著書に描かれた場面（主要人物に端役たち、舞台装置）のいくつかを見る思いがするはずである。アンダルシーア人がラ・マンチャ人は猫かぶりの偽善者だと非難すれば、一方で外国人作家は地方紙の記事を書くために、彼にインタビューし、まんまと金をせしめる。さもなければ善良な司祭が、自分の礼拝堂の新しい祭壇のことを自慢げに披露して言う、「これは最新型のからくりです。ボタン一つで手の込んだあらゆる装置が動き出すんです。明かりも点いたり消えたりしますし、扉の開閉もできれば、聖体を収めた顕示台がゆっくり上下するんです。主任司祭の言い方だと、眩い太陽が天使たちで満ちた天に昇っていくように」。しかしそれはボローが眼にしたスペインと同じというわけではなかった。内戦時の恐怖とその後の抑圧によって深い心の傷を負った国となっていたのである。勝利者たちが鉄の軍事的規律を課したので、人々は生き残るために戦い、そして経済力をつけるために努力せねばならなかった。ブレナンはこうした現実に深く入り込むべく、蜃気楼のように外見だけで実体のないものを断固拒否せねばならなかった。彼はこう記している。「外国人でもスペインの新聞をざっと眼を通してみれば、この地では何も起きていないという結論に容易にたどり着くだろう、ただし、サッカーの試合や宗教儀式、闘牛などは例外である」。とはいえ、とかく表面的な第一印象というのは人を欺くものである。というのも「この街（マドリード）のあらゆる住人は、金をもっているか、あるいはその振りをしている」「店という店が豪華な食べ物で満ち溢れ、数メートル毎にバールやカフェがあって、人々は散歩するくらいしかやるべき仕事がないように見える」といった情景を目の当たりにし、またアンダルシーアを訪れて、「そのあまりの貧しさに恐れ戦くことなく、コルドバの通りを歩くことなどできない」ことに気づいたからである。十九世紀さながらの沈滞した農業構造は、依然として国の経済発展を妨げる重荷となってのしかかっていた。弱体化していた中産階級は、発展に不可欠である容赦なき資本主義的蓄積のプロセスを担保する、抑圧的な勢力との連携を、さらに延長させるように動いた。「こうした大土地所有制（アンダルシーアのラティフンディオのことを指す）下で採用されたシステムというのは、一年を通しての正規雇用者は限られた数の労働者しか雇わないが、収穫時など労働力を要する短期間には、より多くを雇うというものである。十人の正規雇用に対して、百人の臨時雇用という割合である。このことが意味するのは、仕事のある良い年であっても、日雇い農夫は家族を養うための一年分の稼ぎを、半年とか八カ月の間で稼がねばならない、ということである。（……）今日のスペインで唯一本当の力をもっているものは金である。地主も闇商人も、革命が起きるのを予防するために犠牲を払う必要などまったく感じていない。というのは軍部と警察が体制に忠実である限り、革命など起こりようがないからである」。一方に中産階級や公務員、他方に労働者と農民がいて、その両者の間に、拠るすべもなく揺れる大衆が存在する。彼らは愛想のない現在という名の土地にキャンプを張り、資本蓄積のプロセスに潜り込もうとして絶望的にあがいている。ブレナン曰く「スペインは社会の安定した領域での地位を失ってしまった、これら不幸な人々で満ち溢れている。彼らは自分たちよりも大きな幸運を手にした者たちが食事をするテーブルから落ちるパンくずを拾い集めるべく、うろついている……スペインの経済システムはプレーをする者の半分の数しか席がないような、仲間内の賭け事のようなものである」

しかしブレナンは社会的不公正や、少数者の富と多数者の貧困という際立つコントラストを指摘すると同時に、一人といわず多くの者の神経を逆なでするような実利主義でもって、次のようなことを指摘する。「内戦、飢え、闇市といったもののおかげで、社会革命が引き起こされ、それを機にスペイン中で、決断力と活力あふれた人々が貧しさを脱して豊かになったのである」。ブレナンにとって闇市すら良い側面をもっていた。「ヴィクトリア朝時代のイギリスでは、産業革命が勤勉な人々や起業家たちに、社会的階層を昇るための好機を与えてくれた」

ブレナンは飢えと旱魃、恐怖と貧困の恐ろしい年月におけるスペイン社会を、このように性格づけした後、自らのスペインでの経験と、自らが属す産業社会のそれとを比較対照している。彼の感性は行動と観想、美学と道徳の間で揺れている。それはベンサム、ラスキン、アラビアのローレンスなどが、奇妙なかたちで入り混じったものである。彼がイギリス人としてスペインの中に見出したものとは、「わが祖国にはない一種の自発性といったものである。わが国は秩序と公正において勝っていたとしても、熱情と生命力においては劣っていた」。ブレナンは自問する、どうして北欧人は生きるすべを学ぶために、常に南欧にやってこなければならないのか。そしてイギリス人の俗物性についても嘆いている。ところがスペインでは、道徳心から対立が許容されることはほとんどない、しかし産業革命以前の社会の原始的〈徳性〉の魅力に、無感覚でいられる人間とて一人としていない。今日、よりはっきりと見えてきた日々のパンを求めて戦うというドラマが——イスラム諸国が好例である——ここ数年というもの、未だにイベリア半島の人々の生活をも染め上げている。

『今日のスペイン』の著者は豊かな社会の一員であり、そうしたドラマを美的かつ道徳的な視点から分析している。「目の前で繰り広げられるこうした食料の争奪戦は痛ましい。しかし公平な目で真摯に認めなくてはならないのは、それが刺激的だという点である。雰囲気が不安や欲求で満たされるからである。人々が皆眠り込んだようなボーンマス（Bournemouth）[1]やトーキー（Torquay）とは、ずいぶんかけ離れたところにいるような気分になる」

ブレナンが描く時代のスペイン人は、未だに産業社会の価値観に支配されてはいなかった。そして資本主義的蓄積のプロセスが生まれたのは、何世紀も昔から生産性と技術とは縁のない社会の偏見や習慣に未だに支配され、社会的経験が非常に不足した環境においてであった。

筆者の記憶では、わずか二十年ほど前のことだが、アリカンテのある港町のバールに立ち寄ったときのこと（今日ではスナックやナイトクラブ、モーテル等が立ち並んでいるが）、棚には数本のスペイン産コニャックしかなかったので、その一本をソーダ水といっしょに注文した。主人は私にこう尋ねた。

「どの銘柄にします？　フンダドールにします？」

「そうだな、それにしよう」と私。

「すみません、旦那、今日は切らしています」との答え。

おかしなことに主人は一つしかない銘柄を、それも店に用意してもいないのに、私にそれを勧めたのである！

これに類したことは今では考えられないだろうが、スペイン的国民性は、少なくとも産業とは縁の薄い農村地域では、五〇年代の半ばくらいまで、ボローやヘミングウェイの心を捕らえたものと本質的に変わりがなかった。表面上は多くのスペイン人が、功利主義や利益優先的な発想に合わせてきたかのように見えるが、内面的にはそうしたものに対する反発は根強く、自分たちの価値観として取り入れることに抵抗を示した。

しばしばブレナンの称賛を呼んだイベリア的資質というのは、おそらくアラブ人から受け継いだと思われる生命力といったものであろう。それによってスペイン人は快楽主義に身を投じ、「いかなる民族よりも完璧で開かれた方法で」痛みに身をまかすようになった。まず女性の生命力だが、女性たちは「イギリスの綺麗な娘たちであれば間違いなく、また何のためらいもなくうんざり嫌気がさすような」男性からの称賛のまなざしに、刺激されるかのように通りを闊歩する。「彼女たちはわざわざ見てもらいに男たちのいるところに出かけて行くし、男は男で、姿を眺めるためだけに女たちのいる場所に出かけるのである」。特に女性の髪がこの訪問者の注意を引くものであったようだ。「滝のように流れるあの豊かな巻き毛、洗い立ての髪を櫛けずり、ブラシで梳き、まとめあげ、香水をふりかけ、整髪料でなでつけ、靴と瞳の輝きに負けないように美しく装う、これこそスペイン女たる者たちの大いなる動物的生命力の指標と言っていい。もし、しばしば見られる一種特有な洗練さやメランコリーといった要素をそこに欠いていたとしたら、その生命力といえども、いささか荒削りで単調なものとなっていただろう」。快楽と痛み、禁欲主義と快楽主義。スペイン人は一度としてうまくバランスをとることなく、その二つの間で揺れてきた。ブレナンはこう信じている。「死んだあとの地獄の辺境にあるスペイン人の魂というのはごくごく少ないはずである。なぜならスペイン人にとって最大の不幸は、精神の貧しさであり、感情生活の欠如だからである。もちろんスペイン人が経験する大きな人生の浮沈の痕は、彼らの顔にしっかりと刻まれている。それが際立つのは、彼らの顔がきわめて表情に富んでいるからでもある。ときとして五十歳をすぎた人々のなかに、尋常ならざる表情を見て取ることができる」。こうした指摘に関しては、彼の言葉に頷かざるをえない。ドイツ人やスイス人、ベルギー人、イギリス人の顔の表情を、スペイン人の生き生きとした豊かなそれと比べてみれば、ほとんどいつも、面白みのないものに写る。スペインの農民のあいだで、際立って気高い、威厳にみちた表情をもった人々と出会うこともまれではない。厳しい顔立ちもあれば、陽気そのものという場合もある、引っ込み思案な性質もあれば、能天気に見える人もある。見るからに〈芝居がかった大げさな所作〉だと分かる場合ですら、たくましく魅力的な性格を、彼らのなかに認めないわけにはいかない。

　ブレナンは〈国民的精神〉の深奥や見えざる部分に深く入り込み、宗教と死に対するスペイン人の一方ならぬ関係について分析を加えようとしている。先ごろの内戦の傷痕は未だに癒えてはいない。スペイン人は二つの党派に分かれて血を血で洗う内戦に身を投じてきた自分たちの在り方をもう一度振り返り、こうした情念がまさに「半ば性的な、半ば宗教的な」それではないかと自問している。そうした情念によってスペイン人は「死そのものと手を結び、死のためにはたらく」ように導かれる。スペインの宗教芸術には、ブレナンの言う「アフリカ的と呼んでもいいような、身の回りからありったけの感情を引き出そうとする生まれつきの欲求、あらゆる感情、とりわけ苦しみの感情をオルガスムに至るまで伝えようとする、生まれつきの欲求といったもの」を見て取ることができる。しかしこうしたスペイン的特質が何にもまして露わになるのは、聖週間の行列が行われるときである。それについて何か述べる前に、一九六四年の聖金曜日にマドリードで執り行われた〈沈黙〉の行列に関する、マドリードの一新聞の記事を再録することがふさわしいだろう。

「マドリード、世界で最も陽気で美しい街のひとつ。ここは昔ながらの苦行をどこよりも生き生きと見せてくれる中心地のひとつでもある……十トンにもなろうとする鉄が、五百もの鎖に分散され、聖金曜日に〈沈黙〉の行列に参加する苦行者たちによって引きずられていく。彼らのほとんどが

〈信仰十字軍兄弟会〉所属の者たちである。鎖はラストロ（蚤の市）で三百か四百ペセータで買ってきて、キリストや聖母マリアの傍らに、各々が勝手気ままなかたちで持ち寄ってくる。わが国の聖週間の行列の歴史ではじめて、鎖が金物屋で貸し出されるということがあった。それは天候が悪化しそうだったので、駆け込み的に生まれた多くの需要に対処しえなかったためである。金物屋は聖金曜日の夜は一晩中、鎖一本につき二百五十ペセータの賃貸料を稼ぎ出した。また一方で、木の十字架が五千体も分配され……そのうちの一体はいつも〈聖なる信仰のキリスト〉の後から担がれてくるものだが、電信柱まるごと一本から出来上がっていた。ほぼ百キロの重さがあり、個人の所有になるもの。経済的にもかなり恵まれた敬虔な若き所有者が、数年前からそれを担いでいる……パス通りの葬祭店には、いくつかの修道院と同様、シリスや改悛鞭が何千とまではいかぬが、何百も売られてきた。シリスは修道女たちがペンチや巻いた針金、やっとこなどを用いて作られる。身体に当てるべき部分は剃刀の刃と似たような刃のついた棘がでている。それを腕や腿、腰にまきつけるシリスというのもある。改悛鞭はさまざまな突起のついた鞭で、突起のひとつひとつにいくつか瘤がついている。こうした鞭は自分に鞭を当てて罰を与えるために用いられる……いま述べたような肉体を痛めつけるための苦行の道具のすべては、告解者の許可と助言がなければ用いることはできない。さもなければ、勝手に使用することで肉体的・精神的な健康を損ねてしまう場合がある」

最も豪華絢爛な宗教的な催しはセビーリャ、マラガ、コルドバのそれである。しかしこの祭りを見にイベリア半島を初めて訪れる外国人にお勧めしたいのは、ムルシア、ロルカ、カルタヘーナなどスペイン南東部の聖週間である。カルタヘーナでは陸軍や海軍から大々的に参加して、あらゆる儀式に特別な重々しさや堅苦しさをかもし出す。頭巾姿の者たちや苦行者たちは、セビーリャやマラガの人々などとは違って、芝居がかった感情に身を任せたりはしない。どちらかといえば厳粛かつ簡素で、やつれて蝋のような顔色をした聖母マリア像や、血の気のない姿で横たわるキリスト像などと、こよなく調和した様式で行われる。鎖や軍靴の音が悲しげな祈りの声にかぶさり、尖がり帽子の姿がかつての異端審問の古い銅版画や、近頃だとクー・クラックス・クランの写真などを彷彿させる。苦行者たちは聖像の上に丹念に再現された釘や傷痕、槍の突き傷に負けじとばかり、血まみれの凍えた足を引きずってゆく。今でもムルシアに行けばいかにもゴヤ風といった〈イワシの埋葬[2]〉が見られるし、彫刻家サルシーリョ（一七〇七～八三）のパソ〔イエス受難を表す像〕を眺めることができる。これはおそらくスペイン中で最も美しいパソであろう。またロルカでは、聖書にちなんだ賑やかで途方もない行列が、聖週間の見せ場となっている。パソは旧約聖書やローマ史の場面を描き出し、従来から競い合ってきた二つの信徒団（〈白〉軍団と〈青〉軍団）が、セレモニーに際立って異教的な色合いを添えている。キリストと聖母マリアの像が出てきたと思えば、今度はクレオパトラやネロといった時代錯誤的な人物たちが姿をみせる。イサベル女王時代の演劇と同様、女性役は〈女装した男たち〉が演じている。舞台全体が見る者たちに、宗教的な折衷主義の不思議な印象を与える。つまりキリスト教的な四旬節と民俗的な謝肉祭の混在である。

スペイン宗教芸術に関するブレナンの目配りのきいた正鵠を射た考察のなかでも、とりわけ取り上げる価値があるのは、バロックに関連する論考である。ロジャー・フライ(3)の素晴らしいエッセー『カスティーリャの見本集』(*A Sampler of Castile*) から引っ張ってきた、次のような時宜を得た引用がある。「スペインの教会では、建築、彫刻、絵画は例外なく、純然たるミサという名の舞台芸術——宗教舞踊といってもいいが——の付属物である。薄暗い雰囲気の中で感じ取ることのできる、有り余るほどふんだんな黄金と光輝の混在によって、人心は高揚し、幻惑される。人は見たり理解したりすることを促されることはない。人に求められるのは、受け身となってひたすら受け入れることである。催眠状態に落ちることと言ってもいい。初期のフランス・ゴシック様式や、イタリア・ルネサンスとは何という違いだろう。こうしたものでは、すべてがはっきりした線をもっていて、光り輝き、客観的である。そこで人の心は自己陶酔から引き出され、積極的に形や色を眺めようとする。まさしく芸術的な理念そのものを〈表現する〉芸術と言ってもいいだろう。ところがスペイン芸術というのは、明澄性を欠いているというところから〈印象的なかたちで〉表現するものである。その効果は蓄積的である。つまり各々の芸術は他の芸術と混じりあい、すべてがいっしょになって、美的理解とは全く相容れぬような状態を生み出すのである」

個人的に言えば、私がいつも心惹かれてきたのは、ふんだんな色とりどりな大理石であったり、あるいはムルシアの大聖堂の豪華絢爛たるファサードや、ロルカの町にある多くの教会や記念碑的建造物に見られるような、ふんだんなプラテレスコ様式の装飾モチーフだったりする。イアリア・バロックは密度や強烈さという面で、決して比肩しうるものではない。スペイン化したアプリア、レッチェ、マンドゥリア、マルティナ・フランカといった土地まで足を運んでみて初めて、アルカラス三位一体教会とか、サンタ・クルス・デ・カラヴァカ礼拝堂のような、そこで筆者も一度ならず眺めたことのあるような、素晴らしい様式の、人の目を剥き、うっとりさせるような玄関ホールを見出すことができるのである。ここでもまた土地の宗教的折衷主義といったものが見て取れる。というのもブレナンが見るように、スペイン・バロックはアラブ人やムデハルたちの工芸の伝統に組み入れられたものである。彼らはまさしく「複雑きわまりない線状図案を生み出すことに慣れていたし、ややこしい儀式や宗教行列を組織するのを好んだ」からである。

本書では、旅行者が今日でもなお半島のあらゆる街や村で出会うかもしれぬ、一連の人々に関する、ブレナンの中身の濃い考察を要約することはできない。それは「もしフランコがカフェかバールのひとつにでも入って来て、人々の話に耳を傾けて、それをきちんと聞き届けてくれれば、国は一朝一夕で変わるやもしれぬ」と宣うような、かつてのファランヘ党の闘士であるかもしれないし、あるいは「セックスでもなければモルヒネでもなく、まさに政治そのものが麻薬である」ような、ノイローゼ気味なレジスタンスの闘士かもしれない。スペイン文明の完全に都市的な性格に関する、ブレナンの考察には未だに大きな魅力がある。実際問題、イギリスや北欧諸国では、かなり遠心力的な力が働いていて、都市から地方への人口移動が起きている。ところがスペイン文明というのは、ブレナンに言わすと、「自然と対峙したときの恐怖と反感の上に築かれている」のである。スペイン人はアラブ人と同様、互いに肩を寄せ合って密集して暮らす傾向にある。トレードの街を見晴らす展望台のひとつから眺めてみれば、「入り組んだ狭い通りや家々、教会はまるでウサギ小屋だ、フェズのように中世の臭いが漂ってくる。ラサが仏教徒の香りがするように」と叫ばずにはおれない。

『今日のスペイン』は一九四九年に遡るが、今日、風景を前にしたときのスペイン人の態度は、変化し始めている。二十世紀初頭から、勤勉でヨーロッパ化したカタルーニャ人の間で人気のあった小旅行やキャンピングは、観光業の影響や自動車数の増加のおかげで、半島の他地域にもここ近年、急速に拡大していった。今やマドリードの中産階級は、パリの人々が自分たちの〈別荘〉に行くのと同様に、山へ新鮮な空気を吸いに出かけていくようになった。生産手段と生産技術の進歩は、スペイン人の社会意識の中に徐々に反映してきている。とはいえ、十九世紀に提起された諸問題は、未だに解決されてはいない。これから見ていくが、スペイン人は消費社会の価値観を、唐突かつ熱狂的に神格化するようになったからである。

[訳註]

(1) ボーンマスはイングランド南部ドーセットの南海岸に位置する都市。トーキーはイングランド南西部トー湾に面する町。

(2) 〈イワシの埋葬〉とはスペインやラテンアメリカ諸国のさまざまな地域で見られる、カーニバルの最後を彩る儀式のこと。これは葬列のパロディともいうべきカーニバル的行列で、最後のクライマックスで大きなイワシを焼くことになっている。灰の水曜日に行われるのが普通で、過ぎ去ったこと、儀礼的に行われてきたことを象徴的に埋葬して亡きものにし、社会の再生を期するという意味がある。

(3) ロジャー・フライ（Roger Eliot Fry, 1866~1934）はイギリスの画家、批評家。『カスティーリャの見本集』は著者がスペインを旅行した際に見聞きしたことをモノクロのデッサンとともに描いた限定本。

スペインはもはや〈一味違う〉国ではなくなった

ここまでわれわれは一九五〇年以前のスペインについて語ってきた。走り書きとなるかもしれないが、以下の章ではフランコ時代最後の二十年に起きた変化について、まとめて論じていくつもりである。

政治的上部構造の見かけ上の磐石さとは裏腹に、この期間は深い構造的変化という面で、最も豊かで決定的な時代のひとつとして、歴史に記憶されることだろう。先進ヨーロッパ諸国との関係で大きな遅れをとったスペインは、この期間に工業化と近代消費社会への道筋をたどり始めた。

ブレナンは一九四九年に、スペイン訪問で最も強く残った印象は、内戦や第二次世界大戦のあらゆる有為転変を経た後でも、スペイン的性格がほとんど変化しなかったことだ、と記している。今日では、そうは言えないはずである。事実、時間の経過とともに、われわれはカトリック両王時代以来、スペインで支配的となっていた価値体系の完全なる破綻を経験している。この価値体系とは何世紀にもわたって、恣意的なかたちで、われわれスペイン人たる性質の永遠の本質、ないしは、われわれの存在のあり方に内在するものとみなされてきた。ケベードからウナムーノ、メネンデス・ピダルに至る、スペイン思想史をざっとたどってみると、スペイン人たる存在は、単にスペイン人であるということだけで、近代世界の社会・経済的法規とは無縁の、特殊で特権的な運命を有している、ということになっている。彼らは人間の形而上的概念に依拠しつつ、他の人間集団とは異なるスペイン人といったイメージを作り出そうとしたのである。つまりとりわけ死に対する関心を強く抱き、絶対的なるものを希求するといったイメージである。十九世紀を通じて周辺部の最も活動的な地域（カタルーニャ、バスク、アストゥーリアス）が、次々とヨーロッパを模範として受け入れていったということも、こうした作家たちの心を動かすことはなかった。なぜならば彼らは、不動性というカスティーリャ高原のもつ魅力的な性質、ないしは何にも侵されることのない、名うてのカスティーリャ的歴史性にかぶれていたからである。

彼らのみならず多くのスペイン人やヨーロッパ人にとって、〈ホモ・ヒスパニクス〉は決して

〈ホモ・エコノミクス〉ではなかったし、そうなりうるものでもなかった。

確かにスペインが抱えたさまざまな状況ゆえに、そうなったと見られないこともない。スペイン人は近年に至るまで、生産性といった概念を知りもしなければ、尊重することもしなかった。発展途上国のほとんどが、産業社会の功利主義に対して、嫉妬と蔑視のまじった感情を抱きつつも反発してきた。しかし今日、彼らのメンタリティには大きな変化が見られる。ヨーロッパとの接触によって、かの地に移民した数百万もの労働者の目が開かれる一方で、スペイン国内においては観光業が同様の機能をはたすこととなった。年々、決まったようにわが国を訪れる外国人は、物価上昇はやむを得ないとしても、現地の人間との人間関係が〈悪化〉していることを認めているはずである。スペイン人は宴会に遅れて到着した招待客よろしく、興奮気味にそわそわと、失った時間を取り戻そうと必死になって、他のヨーロッパ諸国が間断なく地道にやってきたことの結果として達成した、社会的・技術的水準に、できるだけ早く追いつこうと努力している。スペイン人は観光業と移民を通して、先進諸国の社会的価値観を見出し、新参者としてそうした価値観を熱心に育てている。障害をものともせず豊かになり、発展し、生活水準を上昇させるということは、新興宗教の規範のようなものであり、年々何万人もの信者を増やしている。目的のためには不可欠ともいえるこうした倫理的変化は、かつて十六世紀のルターによる宗教改革によっても、十九世紀の産業革命によってもスペインでは起きることはなかったが、それをこの二十年間足らずの間に、暴力も流血もみることなく成し遂げたのが観光業であった。

問題の歴史的根源というものを求めようと思えば、アメリコ・カストロの本質を突いた分析を俟たねばならない。彼はキリスト教徒、イスラム教徒、ユダヤ人の三者からなるスペイン人の意識および、アル・アンダルスの名声と三つの血統の社会的共存のもとでの国民性の形成に関する分析を行った。カストロはこう述べている。「十五世紀以降の血統間の対立によって、近代のスペイン人とはどういう存在だったかというイメージが、描き出されるようになった……旧キリスト教徒の抱いた生粋的な熱望こそ、国を退廃させ解体に導く要素として働いた。資本主義と技術という、産業や貿易の基本となるものが、イベリア半島内部では不可能となってしまった……商業・産業・金融に関わるもろもろの活動に携わるということだけで、その人間は〈ユダヤ人〉とされてしまった……スペイン人は十六世紀末に、帝国的拡大を可能ならしめた血統的純粋性にとって有害だという理由から、そうした活動を中断してしまった……彼らにとって富の蓄積よりも重要だったのは、人格上の体面を保つことであった。それは富の蓄積によって自らの旧キリスト教徒としての資質が疑われてしまったからである……中産階級による世俗化された富というのは、スペイン系ユダヤ人にこそふさわしいもので、卑しい富とされたのである……郷士たちの反攻のことを、対抗宗教改革と呼ぶ代わりに、〈対抗ユダヤ〉と呼ぶべきかもしれない」[1]。近年、われわれはスペインにおける本当の意味の〈再ユダヤ化〉のプロセスにあるわけだが、その効果についてては慶賀すべきとしなければならない。

ほぼ一九五五年ごろまで、スペイン人の大多数は物理的に国外に出る可能性をもっていなかった。当局から都市間を移動する際に通行許可証を求められたし、パスポートは一部の幸運な人々にのみ限られた特権であった。異口同音に外国からのものは有害だとする心理的キャンペーンが張られた。ポツダム協定によってフランコ体制に課せられた隔離政策は、フランス国境を閉鎖させ、スペイン大使の本国召還をもたらしたが、そのことで、保守階級の生来の外国嫌いをさらに助長することとなった。この外国嫌いの感情は、スペインが過去の栄光に輝いていたこと、スペイン帝国を衰退と失墜に追い込んだフランスやイギリスの〈忌まわしい〉役どころなどによって、すでに大きく成長していたのである。この時期、商店、映画館、バールなどに外国名を使用することは禁止された。またマスコミも〈埋めがたい〉溝といったものをくどいほど強調したが、彼らによると、そうした溝はスペインと他のヨーロッパ諸国の間に〈永遠に〉存在するものとされた。

一九六〇年以降のフランコ体制は、その特徴とも言える巧みな適合能力によって、数年前まで警戒心でもって見ていた当のヨーロッパ人から、財政支援をしてもらったおかげで、大方無事に生き抜くことができた。こうしたいかにもスペイン的な過激性のもとで、自ら支持してきた〈素晴らしい孤立〉政策を転換させ、その結果、スペインで支配的となっていた生活条件に飽き足らない、二百万ものスペイン人が海外へ飛びだすことになると同時に、羽振りのいい新たな観光業の要請や至上命令に対して、巨大な宣伝費が投入されるという政策がとられたのである。こうしたことすべては、いかなるマキァヴェリズムでも深謀遠慮によって行われたわけでもない、ということだけははっきり認めねばなるまい。彼らの原理原則が現実と合致しないと分かったとき、フランコ体制は戸惑うくらい、いとも易々と、原理原則のほうを犠牲にするのが常であった。

徐々に、外国人、移住者、亡命者、観光客が、スペインに大波のごとく押し寄せてくるようになり、スペイン人は歴史上初めて、働くこと、食べること、旅行すること、自分たちの徳性と短所を商業的視点に立って開発することをし始めたのである。つまり先進工業国のもつ生産性という価値規範を、自らもうちに取り込み、商品化し、金銭取引をするということである。そうしたことすべては、血腥い悪い冗談や、恐るべきコントラストがどこよりも際立って豊富なお国柄にしては、極端な逆説だが、元来そうしたものを妨げようとして生み出された体制下でもってなされたのである。これは現代スペイン人のもつダイナミズムの指標としては意味深い。〈既成事実〉を受け入れざるをえなくなったフランコ政権は、当然のことながら、自分たちが予期していなかっただけでなく、全く左右しきれなかった状況から、最大限の利益を汲み取ろうとした。

かくも唐突なメンタリティの変化は、さまざまな矛盾や戸惑いを伴わずしてなされることはなかった。一般的な見方からして、人間関係の〈商品化〉という現象に肯定的側面があるとしても、一方の実用的な応用面では、これから見ていくように、とうてい肯定的とは言えないような、一連の結果がついて回っている。つまり今日、スペイン的生のあらゆる側面で見られるような、行き当たりばったりのその場しのぎ、模倣主義、本物とはかけ離れたまがい物の横行などである。スペイン人は自分の国を訪れるヨーロッパ人のように振る舞おうとするが、必要とされる手立てや、とりわけ、必須の社会的訓練のないまま、そうしようとするのである。そこから、表面的で見かけだけの異国様式を模倣するために、時として模倣が戯画に成り下がるのである。

こうした社会的訓練の不足は、レストラン、ホテル、商店、オフィス、公共施設などにおいて、その場しのぎや不能率、稚拙さ、混乱といったかたちをとって現われる。天からマナが降ってきたかのような僥倖に仰天したスペイン人は、どぎまぎして、しかるべき精神的・社会的な準備をすることなく、新たな状況に対処しようとしたのである。スペインはここ十五年だけを見ても、最も豊かな社会の実現した物質的・技術的な長所を手に入れたわけではないとはいえ、前近代的社会の特質のほとんどを捨て去ってしまった。つまりスペイン史の現代的局面において、何世紀にもわたって有効であった常套句は急速に通用しなくなったのである。

　今日でもなお、まがいものや模倣といった要素がスペイン人の生の舞台では支配的となっている。たとえば、わが国の海岸を見てみればいい。時代を通じて気長に建設されてきた町や村々に隣接してある、スペイン南部のさびれた海岸地帯に、突如として、場当たり的な住宅群やありきたりなホテルが出現して、昔からあった町の調和を破壊し、元来であれば現在の経済的好況が生み出すべき美観を損ねてしまったのである。古い部分が新しい部分の上に、いかなる連続性も均衡もなく重ねられる。われわれが目の当たりにしているのは、進歩的な発展ではなく、あらゆる社会的・心理的な習いが唐突に混乱したさまである。われわれは経済面と同様、道徳面においても、構造や習慣というものが一朝一夕に変化しうるものではないという点を考慮せず、物事がとんとん拍子に進むと考えたのである。われわれの振る舞いはもはや本物ではなくなり、強いられた度合いの濃い、悲しい模倣と化している。今日のスペイン人は従来もっていたアイデンティティを失ったが、その代わりに、新たな決定的な個性を培うこともなかったのである。

　外面的なものに限って言えば、見かけは変化しなかったし〈スペイン魂〉の属性といったものによって、わが国の訪問者たちが魅惑され、今後も魅惑され続けていくだろうことは間違いない。たとえば闘牛、フラメンコ、宗教的祝祭、ドン・ファン的性質などである。しかしわれわれは早く幻想から覚めねばなるまい。そうしたものを観光促進のために維持し、披露していく必要に迫られていたスペイン人は、内面的にそれらに疑いを抱き始めている。『陸軍元帥どの、ようこそ』(*Bienvenido, Mr. Marshall*) という題名の映画において、カスティーリャのある村の住人たちは、アメリカ人を騙して外貨を稼ぐ目的で、アンダルシーア人に変装する。今日でもこうした変装はよくある現実である。ガリシアからバスクまで、ナバーラからカタルーニャまで、〈アンダルシーア的〉な民俗性や様式が一目置かれているがゆえに優勢となっており、旅行者に対し、魅力的なスペインの伝統的かつ典型的なイメージを提供している。

イベリア半島を訪れる何百万もの外国人は、もはや近代消費社会の魅惑的な背景を通してしか、スペインを眺めようとはしない。広告、キャッチフレーズ、ガソリンスタンド、スナック、モーテルなどが主要幹線道路沿いに軒を並べ、少しずつ自然の風景から目を遠ざけている。ヨーロッパの〈甘美な生活〉はコスタ・ブラバ、マリョルカ、アリカンテ、トレモリーノスなどの海岸に寄り集まっている。同時に、カスティーリャの伝統的な姿は変化をきたし、かつて人の記憶にもない遥かかなたのアルメリアが、一流映画のロケの中心となるまでに至っている。外国人はスペインの灼熱の太陽と、まぶしいほどの青空を堪能することができよう。そして好みに応じて、カタルーニャのロマネスク芸術や、プラド美術館のゴヤや、アンダルシーアのイスラム建築、アビラ、エル・エスコリアル、トレードなどを眺めることもできよう。南部の美しい海岸で海水浴をしたり、闘牛を観戦したり、聖週間の行列を目にすることも可能だろう。しかし、少なくとも最も発展した地域では、政府が大いに宣伝した、〈スペインは一味違う国〉というスローガンの根拠を見出すことはむずかしい。違う、スペインは未だにヨーロッパではないのだ。しかしそうなる道を歩んでいる。スペインは幸か不幸か、夢見がちであった、かつてのスペインとの絆を断ち切ってしまったのである。

［訳註］

（1）　訳書、アメリコ・カストロ『スペイン人とは誰か――その起源と実像』、二一三頁。

《未来へ向けて》

一九七五年に独裁者が亡くなり、国の政治的展望に大きな変革がもたらされた。スペイン国民に宛てた遺書の中でフランコは、墓場からも統治を継続すべく、すべてを「しっかりと結びつけて」おいたと確言した。しかし『死んでもなお君臨す』(*Reinar después de morir*)と題された黄金世紀の劇作(1)とは異なり、歴史はおいそれと彼の意図したとおりには進まなかった。

死去の二年後、独裁政治の清算という現在のプロセスに触れる前に、まず筆者はわずかなスペースながらも、フランコの存在がスペイン人のまるごと二世代に対し、どういう意味をもったかについて論じてみたい。二世代とは、内戦時に子供であった私たちと、戦後すぐに生まれた者たちのことである。

おそらくわれわれが生きた時代を、他と分け隔てる特徴というのは以下のことだったであろう。大人の自由な生き方を実現しえなかったこと、そしてフランコによって、一旦なされれば永遠に続くものとして描かれた道筋を外れては、社会の運命に何らかのかたちで参与することなどできなかった、ということであった。その結果、各自の行動は私的領域に制限されざるをえないか、さもなければ、個人的幸福の利己的追求に走ったり、より強力な法に従順に従わざるをえなかったのである。たとえ獲得するためにとった手段が不正で情け容赦のないものであったとしても、直接的な経済問題を解決するための可能性だけに限ってみれば、内戦以前のスペイン社会における支配的条件と比べてみれば、かなりの改善であったことは、隠れようもない事実である。また認めねばならないのは、自由と福祉とを切り離すことによって、大多数のスペイン人が不可欠な自由の存在を知らぬまま、大方が巧みに〈進歩〉に合わせていったことである。しかし、社会的・道徳的感受性を具えた続く二世代の男女にとって、そしてまた、多かれ少なかれ、立派なやり方で出世したり金持ちになる自由はあったとしても、自らの公正と正義への熱い想いを、全く満足させることのできなかった者たちにしてみれば、フランコ体制がもたらした結果というのは破滅的であった。というのも、それはまさに道徳的な民族殺戮だったからである。フランコによって制度化された抑圧体制と対峙していくことが物理的に不可能であったことから、われわれは誰しもが生活信条を自殺的に放棄するとか、骨抜きにされてあきらめるとか、皮相的で幻滅的な態度をとるとか、そういうことを潔しとしないときには、人生のある時期に、亡命するか、さもなくば、沈黙と偽装を余儀なくさせる状況と妥協するか、というジレンマに置かれることとなった。亡命するか、沈黙を守るか、戦線離脱するか、さもなくば〈良い方に考えて〉乗り切るか、最終的に誇大妄想者となりはてるか。苦痛と挫折と苦悩の長い年月が経つ間に——しばしば個人的な洞察力とも、ましてや元来スペイン的と言えるような好機とも、ほとんど何の関係もない理由によって——国の展望は様変わりすることとなった。工場や団地、観光施設などによって、昔からの風景は一変し、自動車が街や道路にあふれ、一人当たりの国民所得は十年間で四百ドルから二千ドルへと跳ね上がった。

フランコのみが変化しなかった。切手や新聞にドリアン・グレイよろしく永遠の姿を留めたし、お役所には彼の肖像画が掲げられていた。その間に子供は青年に、青年は大人の年齢に達し、さらに老いて人は髪が抜けて歯もなくなる。ピカソやカザルスのような人々はフランコが生きている限りスペインには戻らないと心に誓い、本来ならそこで暮らし、生を全うするべき故郷を遠く離れた地で骨を埋めることとなった。

フランコの政治的プラグマティズムというのは、単純でわずかな数の前提に基づいていて、彼の遺書のなかに表明されている程度のものである。それは筆者も最近になって読んだものだが、まさに〈戦略家の国における唯一の戦術〉とでも言うべきもので、純粋な服従以外に何ら思想的忠誠を求めるものではなかった。徳性と長所の公的物差しは、彼個人への忠誠心に比例して計られたのである。結果としてそのことから生まれたのは、割のいい仕事や利権をせっせと独り占めしようとする腐敗した少数者とともに、合法的で永遠の存在となった少数集団〔官僚?〕に、頭の上がらない大多数の市民といった構図である。政府と異なる意見をもった政党に投票することもできなければ、そうした主義主張をする新聞を購入することもできなかった。検閲されていない本を読むこともできなければ、その種の映画を見ることもできなかった。意見を異にする人々といっしょの行動をとることも、権力乱用に抗議することも、労働組合を組織することもかなわなかった。

巨大な潜在的エネルギーは、通常の創造的な道筋をたどることができなくなり、やむかたなく、ノイローゼや悪意に基づく言動、アルコール中毒、攻撃性、自殺衝動、些細な個人的修羅場などに転化していった。いつの日か、スペインの精神科医は自己に対する堕落したイメージを耐え忍ぶことを余儀なくされ、他者を前にして、子供じみた無益な、罪深い振る舞いをする成人集団に関する、こうした質の悪い保護政策のつけを真面目に分析せねばならなくなるだろう。抑圧とタブー、権力には服従すべしという慣れ合い的心理、今日のわれわれを条件付けている公式的価値を無批判に受け入れる態度といったものは、一朝一夕に根絶されることはないだろう。すべてのスペイン人に対し、自前で考え行動することの大切さを教えるというのは、時の政治的浮き沈みとは別個の、困難な仕事となろう。恐怖心を抜きに読んだり書いたりすること、完全に自由な発想で話したり聞いたりすることを、少しずつでも学んでいかねばなるまい。四十年間もの間、無責任と無能力の条件下で生きてきた民族は、必然的に病んだ存在である。回復には病気に罹っていたのと同じくらいの時間がかかるかもしれない。

フランコ体制は、すでにその創立者の名前が公的・私的会話のみならず、テレビ、ラジオ、雑誌、新聞等からも消えてなくなったわけだから、すでに過去の一現象となったとする見方をする者たちもあるが、そうした主張は私から言わすと、法外であると同時に欺瞞的でもある。個人と同様、民族というものは、そのことで蒙ったトラウマから癒えることもなく、自らがもはや同一視することをやめた過去のある時代に対して、厚いヴェールをかけて覆ってしまおうとする傾向がある。ドイツ人はヒトラー時代のおぞましさについて、掌を返すように口を噤んでしまった。またフランス人はドイツ占領時代の栄光とは程遠い経験についてはもはや語ろうとはしないし、ソヴィエト人は〈個人崇拝〉という名の目眩ましの万能薬でもって、スターリン主義の悪魔たちを退散させてしまった。注意深く地中に葬り去られたかかるトラウマは、それにもかかわらず、こつこつと地下工作を続けている。それはヴィシー政権の時代と、民衆の多くがナチスによって与えられた新秩序をあきらめて受け入れたことに関する本や映画が、現代のフランスで花盛りとなっていることが雄弁に物語っている。

とはいうものの、ここ三年間に起きた変化は現実性があり、民主主義的プロセスがダイナミックにますます加速していることを象徴している。そのプロセスのおそらく最も意義深い特徴は、政治的言論の自由であろう。つまりスペイン人は自分の声を取り戻し、いつ果てるともなき長い沈黙によって口を閉ざしてきた民族が、やっと自由に口を開くようになった、ということである。

一八六八年の最初の八カ月間分の、古いスペインの新聞記事をめくってみようという奇特な人がいれば、同年のイサベル二世を打ち倒した軍事クーデターへと続く時期の数カ月とを対比してみるといい。おそらくフランコの死以降、われわれの誰もが感知するようになった一種の色盲症状と出会うこととなろう。つまり表面上、何も起きることのなかった国の〈灰色〉の新聞が、突如として、〈総天然色〉の新聞に変わっていることに気づくはずである。そこでは何かが起きていることが明らかである。当時の新聞記者が立派な技術を用いて、書くことの予備練習として、響きは高くとも空っぽな、冗漫でしまりのないおしゃべりを、人に負けまいとせっせとやってきた時代から、現実的で具体的な事実と問題に関する驚くべき雪崩のごとき大量の情報に、即座に対応する時代へと突如変わってしまったのである。冬や猫やカスタネットや帽子の利点や不都合など〈一切合財〉に関する退屈きわまる記事や論文から、自由や権利、政党、選挙、民主主義などが話題にのるようなそうした社説や呼びかけへと変貌を遂げたのである。法令によって課せられていた無色性は、〔民主化された〕ここ数十年の間、公認された不動の解釈を裏書きしようとした無色性と一脈通じるものがある。公認された解釈が何かといえば、不幸なことに、スペインの現実とは演説や開会式、行進、聖体行列、サッカー試合、闘牛といった、わけのわからぬ有象無象の一団だとするものである。

いずれにせよ、反イサベル派の蜂起とかフランコ総統の死を境として、それ以降のわが国の新聞、雑誌の間の対立的な読みによって明らかとなったのは、数え切れないほどの結果をもたらすひとつの事実である。つまり鉄兜もライフルもタンクも必要としない、長く目に見えない占領を生きたという精神的スキャンダルである。少数者の手によって権力と言語を接収され、拉致されたことによる、土地ならざる精神の占領である。それは言語の反逆的能力を不毛化し、言語を欺瞞的で催眠的な、意図的にでっちあげた言説に変えてしまおうとする目的で、言葉から本来の純正な意味内容を剥奪することを狙った、不正で排他的な占領支配であった。たとえば人間的自由という語を、ことあろうに検閲を擁護するために用いたり、尊厳とか正義という言葉を、〈垂直的〉労働組合に関して用いたりすることである。ことばとエクリチュールを独占支配してきたのは、似非政治家、似非労働組合主義者、似非学者、似非知識人、似非作家といった連中で、彼らはフランコ主義のブンケル〔スペインの守旧派〕の中で、自分たちのいわゆる金科玉条の真理が議論の対象とされたり、恣意的特権が俎上に乗せられたり、時代遅れのドグマを堂々と人から攻撃されたりするのを見て、恐怖と聖なる怒りに身を震わせている。大衆レベル、つまり何でも欲しがる貪欲な現代読者の中にあって、恐怖と憤怒と盲目的怒りというものは、偶像が音を立てて倒れ、列をなした去勢牛が囲い込まれ、ゾンビが次第に消滅していき、勲章だらけの大勢の似非聖人が予告的な退却をする、といった光景を目にした際に感じる、驚愕や不信、驚異といった感情に置き換えられている。日ごと日ごとのわずかな変化によって、検閲によって建てられた古びた言語の牢獄にも、ひび割れや隙間が生じてきている。そして新聞から自由を奪ってきたきつい拘束衣も外され、辛い思いをさせられてきた大衆の肺にも、新鮮な空気と酸素が送り込まれるようなった。

われわれ自身の意識を抑圧するこうしたシステムによって、何がもたらされたのか、誰一人として知らぬものはない。差し障りのある言葉を削除し、批判をするにも許された枠の中で行い、本心を明かさず細心の注意を払って表現することで思いは鬱積し、しまいには体中に毒が回ってしまう。独占された言葉に対する受身的防御策として、いつもながらの悲しいガス抜き、つまりカフェで冗談や笑い話で紛らわすくらいしかできない。現在の状況は、かかる中毒作用や窒息状態に対して、言語そのものに事実性を再び取り戻させるという意味をもっている。それは言語と事実という、相異なる和解し得ない次元にはさまれつつ、辛く長い日々を分裂的に生きてきた人々の精神にピリオドを打つものとなった。

もし今日フランコが生き返ったとしたら、彼自身の選んだ王[2]が自らの遺産を根こそぎにしてしまう張本人であったことを知って、恐れをなしてそそくさと墓に舞い戻ってしまうことだろう。政党や労働組合は合法化されるに至ったし、一九三六年以来はじめて自由な総選挙が行われた。カタルーニャとバスクは第二共和制時代に確立し、内戦末期に廃止された自治政府を回復する過程にある。今日の議会の構成――左派が優勢を占めている――を見る限り、スペインの政治的展望は四十年前のそれと非常によく似ていることが分かる。言い換えると、フランコの長期独裁政権は何も問題を解決することなく終わったということである。当時、共和国を取り巻き、それを崩壊に導いた諸問題は、未だに解決されないままである。

旧来の社会的不公正はそのままであり、遅かれ早かれ、スペイン人はそれを解決するために、どうしても避けて通れない企てに着手せねばなるまい。今日のスペインは世界で十番目の先進工業国になるほどの進歩を遂げたことは間違いないものの、過去の遺産は未だに重くのしかかっている。ピエール・ヴィラールはいみじくも次のように言っている。「そこにはいつも大土地所有者と小土地所有者があり、土地なき人々と人なき土地があり、そしてあらゆる人々の寄り集まる土地といったものがある」。スペインの将来にとってこれからの数年間が決定的に重要となるだろう。このフランスの歴史学者の表現を借りれば「今日、自らの運命は自らの手にあることをはっきり認識していない人間など、一人として存在しない」からである。

［訳註］

（1）『びっこの悪魔』で知られるルイス・ベレス・デ・ゲバラ（Luis Vélez de Guevara, 1579~1644）の作品。

（2）今は退位したが、現フェリペ六世の父ドン・フアン・カルロス一世のこと。彼はフランコ総統の申し子としてフランコ亡きあと、その路線を継承することが期待されたが、一九七五年にフランコが亡くなるや、総統の期待に反して一連の自由主義的な民主化政策をとった。現在はお忍びで行ったボツワナでの象狩り問題や、次女クリスティーナの婿の金銭スキャンダルに塗れて、国民からの手厳しい批判に直面している。

訳者解説

本書は現代スペインで最も注目される作家ファン・ゴイティソロの『スペインとスペイン人』（*Spanier und Spanien*, Frankfurt, 1969. スペイン語版は、*España y los Españoles*, Editorial Lumen, Barcelona, 1992, 2002）の翻訳である。翻訳にあたっては、諸版を参考にした。

ファン・ゴイティソロはフランコ時代の一九六九年に、ドイツにてドイツ語で出版した『スペインとスペイン人』において、スペイン内戦に至るスペイン人のあり方について、文学と歴史を通して本質的かつ批判的な視点を提起した。反フランコの立場に立つゴイティソロにとってスペインは依然として反ユダヤ、反イスラムの〈キリスト教騎士〉の国であり、神話的なホモ・ヒスパニクス（原スペイン人）の支配する国であった。このカタルーニャ人作家にとって、こうした伝統的価値は〈闘牛とフラメンコ〉のステレオタイプ的スペインの背景にあって、異論を唱える少数派の人々を排他する厭わしいイデオロギーであった。

本書は文学者としての視点と、文明論的視点からなされた、スペイン批判の書である。従ってその内容ゆえに検閲のあるフランコ体制下のスペインでは出版ができず、フランコ死後の一九七九年になって初めてスペイン本国でスペイン語版が刊行されたという特殊な事情をもっている。つまり一般的なスペイン人論ではなく、亡命作家たる特殊な背景を反映し、いわば外部的視点から書かれたものである。同じような立場にあって、ともに反ドグマティズムの視点から、ゴイティソロの人と作品にずっと大きな関心を向けてきた歴史家アメリコ・カストロは、ゴイティソロと交わした書簡のなかでこの書の内容の独創性を讃えるだけでなく、「とりわけ学問的な言語である」ドイツ語で刊行されたことこそ喜ばしいと述べている（*El Espistolario (1968-1972), Cartas de Américo Castro a juan Goytisoplo*, 92）。それは神話ならざるスペインとスペイン人の実像を、より広くヨーロッパに〈学問的に〉伝えることができたからである。またカストロはゴイティソロが本書のなかで示した「複数のスペイン」（キリスト教徒、ユダヤ教徒、イスラム教徒からなる複合体）という視点と、自らの著書『スペイン人はいかにしてスペイン人となったか』（一九六五）および『外来語としてのエスパニョール』（一九七〇）（上記二著は、『スペイン人とは誰か――その起源と実像』、本田誠二訳、水声社として邦訳が刊行されている）の中で示したものが、合致しているとも述べている（同、八九‐九〇頁）。まさにゴイティソロが本書を『スペインとスペイン人』としたのも、カストロへのオマージュとしての意味があったからにちがいない。

訳者は近年アメリコ・カストロの著作を中心に翻訳出版してきたなかで、その思想的影響が、この現代スペイン最大の作家のみならず、メキシコ最大の作家（カルロス・フエンテス）のなかにも大きく影響していることを知った。けだし『セルバンテスまたは読みの批判』や『テラ・ノストラ』（以上、水声社）にも、カストロの姿が如実に窺えるからである。スペイン人の本質を、文学と歴史から追求することを課題とする者にとって、これらの作家たちに注目しないわけにはいかないだろう。

キリスト教的イデオロギー（自由民主主義とグローバリズム）が支配する現代世界は今新たに「イスラム国」という新たな〈敵〉に直面している。われわれはもはやイスラム的価値の本質を単に、原理主義の狂信的テロリズムと見るだけでは立ち行かなくなっている。その本質的な視点を、文学的・文明論的に解き明かしてくれるのがスペインの異端児たるカタルーニャ人フアン・ゴイティソロである。以下に、ゴイティソロの家系・年譜および主要作品を紹介する。

フアン・ゴイティソロ（Juan Goytisolo Gay, 1931～）は一九三一年に実業家の父ホセ・マリア・ゴイティソロ（José María Goytisolo）と母フリア・ガイ（Julia Gay）の間の三男として、バルセローナに生まれた。父はバスク人で、曾祖父アグスティンは十九世紀半ばにキューバに移住し、砂糖工場の所有者となって短期間に一財産を築いた。その長男である祖父アントニオは砂糖工場を売却し、バルセローナに住み、カトリックの信仰心が篤く宗教的な積極的活動が認められて、法王から三代にわたって有効な〈死の間際〉の贖宥を得た。これが後に孫のフアンが十三、四歳のころに陥った罪の意識を緩和するのに大いに役立った（彼は自慰や禁書をこっそり読むことで、罪の意識に苛まれていて、地獄で永遠の苦しみを味わうのではないかという思いに悩んでいた)。祖父アントニオはやはりキューバで財をなしたメノルカ島出身のカタリーナと結婚し、五人の息子と五人の娘をもうけた。作家の父となる長男ホセ・マリアは進取の気質に富んだ活動的な人物で、植物学や農業に関心をもち、イエズス会士の雑誌にそれらに関する論文をいくつか発表している。熱心なカトリック信者で、シュペングラーを愛読し、ゲルマン愛好者でもあった。また新聞を熱心に読む習慣があり、国際関係や政治に強い関心を持っていた。

一方、母親の家系はアンダルシーアの自由啓蒙思想のブルジョアで、曽祖母マリア・メンドーサは『銀の棒』(*Barras de plata*)という小説を残している女流作家であった。大叔父ラモン・ビーベスはカタルーニャの詩人・作家で、オマル・ハイヤームの『ルバイヤット』をカタルーニャ語に翻訳している。フアンの母フリア・ガイの唯一の妹コンスエロ・ガイはバイオリンを学び、『ミラドール』という雑誌に、モーリス・ラヴェルに関するソネットを発表している。母フリア・ガイは妹とともに音楽を愛好し、専業主婦の仕事の合間にピアノや読書で時を過ごした。書斎にはジード、ジロドゥ、サシャ・ギトリの著書があって、子供たちの文学への関心を呼び覚ますきっかけを作った。

以下、年譜を辿りながら作家の経歴を見てゆこう。

【年譜】

一九一八年――父ホセ・マリア・ゴイティソロ、母フリア・ガイと結婚。

一九三一年——フアン・ゴイティソロ生まれる。すでに姉マルタ（一九二五年生まれ）と、兄で後に詩人となるホセ・アグスティン（一九二八年生まれ）の二人の兄弟が生まれていた。長男アントニオは結核により七歳で幼くして亡くなっている。後に弟ルイスが一九三五年に生まれる。家族はトレントボ（Torrentobó）の家族の所有地からトレス・トーレスの住宅地に引越し、上の三人の兄弟はテレサ修道会の学校に通った。

一九三八年——母フリア・ガイはバルセローナの祖母のもとを訪れたが、その日（三月十七日）に帰る予定が永遠に帰らぬ人となる。それは母が買い物（三人の子供たちに読ませるための本）をしていたとき、フランコ軍のバルセローナ市爆撃によって重傷を負ったためである。一家は新しい環境にどうにか慣れていったが、食糧難で辛い日々を送る羽目となった。

一九三九年——戦争が近づいてきてモーロ人がすぐにでもやってくる、という噂が流れ、物騒できな臭い雰囲気が街をおおってくる。家族はお手伝いのエウラリアといっしょにバルセローナに転居するが、彼女は四人の子供を母親のように慈しんで育てる。父親は肥料会社ＡＢＤＥＣＡの経営権を回復し、食料事情も改善する。

一九四〇年——中高等学校（Bachillerato）に通いはじめる。この頃から祖母は老衰で精神疾患を患い、記憶を失っていく。

一九四五〜四六年——フアンは夏休み中に十数編の小説を書き、従妹たちに読んで聞かせる。テーマはさまざまでアマゾン探検とかウェスタン物、ヒトラー支配下のフランスのレジスタンス等であった。

一九四七年――十六歳のときにオスカー・ワイルド、ウナムーノなどを読み、宗教的懐疑をもつようになり瀆聖的な告白を行う。この頃からいくつか物語や劇作を手がけるようになる。

一九四八年――中高等学校を卒業し、外交官をめざしてバルセローナ大学法学部に入学。ジード、サルトル、カミュなどのフランス文学と出会う。これをきっかけに信仰を完全に失う。乱読生活、フランス語を独習。無神論者を公言。

一九五二年――青春時代の未熟な小説を書き上げ（未刊）、「ハネス出版社青春文学賞」を受賞する。秋にはマドリードに出てきて、アルグエーリェスのペンションで暮らし、兄ホセ・アグスティンが暮らしていた学寮のラテンアメリカの学生たちと交流をもつ。アルコールを覚え、売春宿に通い、カフェやバールに入り浸る生活。

一九五三年――バルセローナに戻り、最初の小説『手慰み』（*Juegos de mano*）を書く。この頃にはすでに法律の勉学を放棄。面白みのないブルジョアよりもずっと下層労働者階級のほうに関心を寄せるようになる（こうした嗜好は一生もち続けることとなる）。モロッコ産大麻を吸引。初めてパリを訪れる。小説はナダル賞の最終選考の候補作になる。受賞こそしなかったが出版社はこの作品を出版。マルクス主義に関心をもつ。

一九五五年――『天国での決闘』（*Duelo en el Paraíso*）の出版（バルセローナ、プラネータ社）。『フィエスタス』（*Fiestas*）の最初の本を書き始める。再度フランスに行き、そこでフランス人の翻訳者コワンドロー（Maurice E. Coindreau）と会って、ガリマール社から二冊の小説の仏訳を出版する話をもちかけられる。

彼との関係の中で、二人の重要人物との出会いを果たす（ガリマール社の翻訳部門で働いていた女性モニク・ランジュ（Monique Lange）と、作家で劇作家ジャン・ジュネ）。ゴイティソロは同性愛者であったため女性との関係は僅少で、モニクは異性としての女性に関心を抱いた唯一の相手であった。またジャン・ジュネは同じ同性愛者として、祖国的・政治的・社会的・性的な面でのタブーを離れるきっかけを与えた。こうした者たちとの出会いは、母の死と内戦と並んで、ゴイティソロに大きな影響力を与えた。バルセローナに戻ると、共和派の政治亡命者との関係について問いただされるが、それはファンが友人グループと反共産主義的な芝居に対する抗議活動に参加したからである。弟ルイスはこのことがあって数時間、官憲によって拘束されてしまった。ルイスのほうは兄よりも政治活動に積極的に関わっていて、家では秘密めいた会合が何度も催され、ロザリオのお祈りを呟くカトリック教信者だった父と対照的であった。ファンは家の片隅で、本に囲まれつつ『フィエスタス』を書き上げるために腐心していた。

一九五六年――半年の兵役を終えて、アルメリアへ旅行する。九月にはモニクとパリで暮らす。

一九五七年――『手慰み』のフランス語訳が出版され、本の価値以上の成功を収める。ファンはルイスの友人が捕縛されたという報を得て、急遽パリに取って返し、ガリマール社の文学編集者としての職につく。モニクとアンダルシーアへ旅行。

一九五八年――マルクス、ルカーチ、グラムシ等を読む。プロパガンダの手段としての芸術という新しい概念の成果として、『二日酔い』（*La resaca*）をパリで、スペイン語で出版。

一九六〇年――弟ルイスが、プラハでの共産主義者集会に参加しての帰りに逮捕される。ファンはヨーロッパとラテンアメリカの知識人とともに、抗議のキャンペーン活動を組織する。『ニハルの野』（*Campo de Níjar*）と『ここで生きるべく』（*Para vivir aquí*）を出版。『ニハルの野』のイタリア語版に先立つあるドキュメンタリー映画の上映会で、ファシストによる爆弾騒ぎが起こり、どさくさ紛れに紛失した改竄フィルムがスペイン国営テレビにもちこまれ、ゴイティソロの作品とされて紹介されたため、彼はそのとき以来〈売国奴〉〈ペンを握ったギャング〉〈国際ジゴロ〉〈能天気な冒険野郎〉といった罵詈雑言が投げつけられるようになる。中傷問題でスペインのいくつかの新聞と諍いを起こす。十二月にアメリカ協会の招きでキューバを訪れる。

一九六二年——キューバ国内を隅から隅まで見て回り、キューバ革命を支持する熱狂的民衆の姿を目にする。彼のキューバの親戚はフロリダに脱出。しかし同じゴイティソロ姓のムラートや黒人の縁者と知り合い、彼らに強い関心を抱いた。彼らは曽祖父の奴隷たちだったからである。ヨーロッパに帰国して『祭りの終わり』（*Fin de fiesta*）を出版。『レボルシオン』紙にルポルタージュ「進む民衆」を発表。

一九六三年——新聞記者としての仕事を続け、ベン・ベラ政府の招聘でアルジェリアに短期間旅行する。スペインが経済発展し始め、スペイン進歩派の代表のごとき存在に見られていたゴイティソロは、そうした個性が次第に煩わしいものと思えるようなり、現実の自分との間に二重人格者としての自分を置くようになる。ここから政治的・文学的・人格的な自己批判といった分裂症的な仕事を邁進するようになる。

一九六四年——フランスの『レクスプレス』紙にスペインの政治状況に関する論文を載せたことがきっかけで、反対側の者たちから激しい批判を浴び、共産党から利用されたこともきっかけとなって、スペインの政治および出版から足を洗おうと決心する。出版と文学という二者択一で後者を選ぶことになる。モニクの母が亡くなったことをきっかけに、彼女と年末をサントロペにて暮らす。

一九六五年――ソ連作家協会の招きでソ連を訪問。秋にはタンジェールにて過ごす。エウラリアが亡くなり、父の死よりもはるかに深く心に傷を負う。

一九六六年――『身分証明』（*Seña de identidad*）をメキシコ（Editorial Joaquín Mirtiz）にて出版。

一九六七年――サハラへの旅をし、『ドン・フリアン』を書き始める。エッセー集『車掌車』（*El furgón de cola*）をパリで出版。キューバ、モロッコ（タンジェール、フェズ、マラケシュ）への短い滞在。翌年、原稿をかかえながら中東諸国を歴訪（トルコ、シリア、レバノン、ヨルダン、エジプト）。アル・ファタハのゲリラとインタビュー。

一九六八～七二年――歴史家で友人のアメリコ・カストロとの私信を交換。後日（一九九七年）『アメリコ・カストロからファン・ゴイティソロへ宛てた書簡集』（*Epistolario 1968-1972, Cartas de Américo Castro a Juan Goytisolo*）として公刊される。

一九六九年――アメリコ・カストロが教鞭をとるカリフォルニア大学に客員教授として招かれる。ドイツ語版『スペインとスペイン人』（*Spanien und Spanier*）をフランクフルトにて出版（スペイン語テクストからの翻訳）。

一九七〇年――『ドン・フリアン』（*Don Julián*）の出版（初版、ホアキン・モルティス社による）を目的として、メキシコに赴く。ヨーロッパへの帰路の途中、ブランコ・ホワイトの翻訳の仕事を始める。秋季にボストン大学で客員教授に就任。
一九七一年――雑誌『リブレ』の発刊に加わる。有名な「パディーリャ事件」に関してフィデル・カストロへ抗議の手紙に署名。
一九七二年――カナダ滞在（マギル大学）。この頃、『土地なきフアン』（*Juan sin tierra*）の執筆を始める。
一九七三年――アメリカ・ニューヨーク滞在（ニューヨーク大学）。
一九七四年――十二年ぶりにスペインで出版（『ブランコ・ホワイトの英語作品』〔*Obra inglesa de Blanco White*〕の版。初版はブエノスアイレスにて一九七二年）が許可される。それ以前は検閲により、彼の作品は発禁となっていた。『土地なきフアン』脱稿。
一九七五年――フランコ総統の死。
一九七六～七七年――『ドン・フリアン伯爵の復権』（*Reinvidicación del Conde don Julián*）がスペインで出版される。（「このことで私は不思議な感覚を覚える、連れ込み宿の囲われ女が長い経歴を経たのち、自分が処女だということに気づき、しかも誰もが自分のことをそうした女だと認めているかのような……」）
一九七八年――『意見の相違』（*Disidencias*）出版。『自由、自由、自由』（*Libertad, libertad, libertad*）「フランシスコ・フランコへ寄せて――一八九二～一九七五」を収録）をひっさげて再び政治の世界に戻る（七五年十一月から七七年六月までの論文集）。
一九七九年――『スペインとスペイン人』スペイン語版出版。
一九七九～八一年――革命的枠組みが崩壊してしまう前に「私は国際アムネスティ人権擁護委員会に加わる

こととした」と発言。『マクバラ』(*Makbara*)と『サラセン年代記』(*Crónicas sarracinas*)の出版。
一九八二年――『戦いの後の光景』(*Paisajes después de la batalla*)の出版(スペインでは理解されず、きわめて不評)。
一九八五年――自伝的作品『禁猟区』(*Coto vedado*)の出版(「作家は自らの心の扉を開け、赤裸々に同性愛者たる自己を語った」(ラファエル・コンテ)。
一九八六年――《ファン・ゴイティソロ》特集(『アントロポス』誌［*Anthoropos*］、六〇―六一号)。
一九八八年――『孤独な鳥の美徳』(*Los virtudes del pájaro solitario*)出版。
一九九三年――『サラエヴォ・ノート』(*Cuaderno de Sarajevo*)出版。
一九九四年――『嵐の中のアルジェリア』(*Argelia en el vendaval*)出版。
一九九五年――『包囲の中の包囲』(*El sitio de los sitions*)出版(包囲下のサラエヴォでの体験をもとにした小説で大きな反響を呼ぶ)。
一九九七年――小説『庭の日々――読者の輪』(*Las semanas del jardín — Un círculo de lectores*)出版。
一九九九年――『コギトゥス・インテルプトゥス〔中断された性交・思考〕』(*Cogitus interruptus*)出版(スペインの歴史的現実のついての文明論・文芸論)。
二〇〇一年――『自らの巣を汚す鳥』(*Pájaro que ensucia su propio nido*)を出版。
二〇〇二年――『スペインとスペイン人』(スペイン語版第二版)が《時代の言葉》シリーズに入る。
二〇〇七年――『聖なるかたちに抗して』(*Contra las formas sagradas*)を出版(アメリコ・カストロやセル

バンテス、反ユダヤ主義スペインなどの論考)。
二〇〇八年――『この世でもあの世でも亡命者』(*El exiliado de aquí y de allá*) 出版 (『戦いの後の光景』の続篇)。
二〇一〇年――『彼女』(*Ella, Elle, Heyya*) 出版 (スペイン語、フランス語、アラビア語の三カ国語対照版)。

以上見てきたように、フアン・ゴイティソロは小説を書く傍ら、みずからのアウトサイダーとしての視座を守り、スペイン史への批判的立場を維持しつつ、スペイン文学とスペイン文明に関してエネルギッシュに積極的な発言を行ってきた。そうしたスペイン文明論の最初の成果が本書である。本書において随所に見られるアメリコ・カストロへの言及は、彼がいかにこの〈神話破壊者〉たる歴史学者に対して敬意を払っているか、その証でもある。したがってその歴史観や文明批判は、かなりカストロのそれを踏まえたものであることは前に述べたとおりである。しかし両者の間の大きな違いは、ゴイティソロがそうした視点・論点を自らのフィクションのなかに過激で危険なかたちで取り込み、いわば言語そのものを解体することによって、〈スペイン神話〉を切り崩そうとしたことである。たしかにカストロが行ったスペイン史の見直しや、スペイン文学の新たな解釈による、スペイン的なるものの脱神話化の仕事は、既存の保守的知識人にとっては、爆弾のような危険を伴っていたが、スペインやスペイン語そのものを解体する意図はなかった。しかしその弟子たるゴイティソロは、まさに言語そのものを小説のなかで解体し、いわゆる酸素爆弾を、息苦しく窒息しつつあったスペイン社会にぶちまけようとしたのである(小説『この世でもあの世でも亡命者』のテーマ)。いわば観念的なテロリストである彼にとって、イスラム的なるもののもつエロス性・寛容性を復活させて、かつて『良き愛の書』が象徴したような〈猥雑で自由で快楽的な〉スペインを取り戻すことが、異端審問や〈血の純潔〉や名誉観、男らしさ、権力と独裁と検閲で死に体となったスペインを生き返らせる唯一の道であった。そうしたスタンスを取り続けることは、スペイン内部においては不可能であった。フランコ亡き後もなおゴイティソロは自らの意志でスペインには戻らず、一年の半年をパリ、残りの半年をモロッコ・マラケシュで過ごしている。かくして今に至っても自主的な亡命者の道(「永遠の少数派」)を選んでいるのである。彼にとってはいかなる名誉ある文学賞も関心はない。逆に自分を選考することで、賞を授与する側の方が大きな名誉を得るとすら考えている(二〇〇八年十一月に文学活動すべてに対する功績に対して、初めてスペインの国民文学賞を受賞した際の言いぐさ)。

彼の生き方はイギリスに渡ってスペインに二度と帰ることのなかったブランコ・ホワイトや、思想的に相容れぬスペインを捨ててアメリカに亡命したアメリコ・カストロを手本としているのである。ゴイティソロのこうした一匹狼的なあり方は、何よりもその原点に、文学者としての自立性こそ、最も守るべき作家の価値だとの思いがある。従って彼には一切のタブーはない。書くという行為(エクリチュール)そのものを自己の〈身分証明〉としているからである。それを犯すものに対しては容赦なき筆誅を加える。何よりも書くことの自由を求めているからである。そこには社会的ハンディから自己を疎外せざるをえなかったセルバンテスと共通するものがある。書くことの自由を追求し続けたセルバンテスはマージナルな存在であることによって、却って自己を全うすることができた。こうしたゴイティソロの文学的スタンスを深く理解して、友人として接し、互いの仕事に敬意を払ったのがメキシコの作家、カルロス・フエンテスであった。その最大にして最高の作品『テラ・ノストラ』についてのゴイティソロの評価（『意見の相違』所収「テラ・ノストラ」）を見るにつけ、両者の思想的・文学的な繋がりの強さを改めて知る思いがする。

日本におけるゴイティソロ作品の翻訳は『フィエスタス』（モラブアカデミア刊）、『戦いの後の光景』、『サラエヴォ・ノート』、『嵐の中のアルジェリア』、『パレスティナ日記』（以上、みすず書房刊）など、分野もルポルタージュ的なものに偏り、代表的な小説や評論はごく限られていて本格的な紹介は「未だし」のままに留まっている。訳者としては本書がきっかけとなって、日本でより広くこの異色で精力的なスペイン作家に対する関心が広がることを期待している。

ここで改めて出版を引きうけて戴いた水声社の鈴木宏社長のご英断と、編集に当たって丹念に原稿に目を通してもらった編集部の井戸亮氏に深く感謝申し上げる。なお本出版に当たって、神田外語大学の出版助成を受けたことを記して謝意を表す次第である。

平成二十七年十月

本田誠二

著者／訳者について——

フアン・ゴイティソロ（Juan Goytisolo）　一九三一年、バルセローナに生まれる。作家。フランコ時代の検閲によって自身の作品がスペイン国内で出版禁止にされていたことにより、一九五七年、パリに亡命する。一九六九〜七五年までアメリカ各地の大学で教鞭をとった。長年の輝かしい業績から、一九八五年にはエウリパリア賞、二〇一五年にはセルバンテス賞を受賞。主な作品には、『身元証明』、『ドン・フリアン伯爵の復権』、『土地なきフアン』、『マクバラ』、『戦いの後の風景』などがある。戦場ルポルタージュ、文芸評論、文明論的エッセーなど多彩な才能を発揮し、ブランコ・ホワイトの紹介者としても名高い。自伝的作品として、『密猟区』、『タイファの王国にて』などがある。

＊

本田誠二（ほんだせいじ）　一九五一年、東京に生まれる。現在、神田外語大学教授。専門は、スペイン文学、スペイン黄金世紀の文学・思想。歴史学者で文芸評論家のアメリコ・カストロの日本における最初の本格的紹介を行う。主な著書には、『セルバンテスの芸術』（水声社）、主な訳書には、セルバンテス『ラ・ガラテア／パルナソ山』（行路社）、アメリコ・カストロ『スペイン人とは誰か——その起源と実像』（水声社）などがある。

装幀――宗利淳一

スペインとスペイン人――〈スペイン神話〉の解体

二〇一五年一二月二五日第一版第一刷印刷　二〇一六年一月一五日第一版第一刷発行

著者――フアン・ゴイティソロ

訳者――本田誠二

発行者――鈴木宏

発行所――株式会社水声社

東京都文京区小石川二―一〇―一　いろは館内　郵便番号一一二―〇〇〇二

電話〇三―三八一八―六〇四〇　ＦＡＸ〇三―三八一八―二四三七

郵便振替〇〇一八〇―四―六五四一〇〇

URL : http://www.suiseisha.net

印刷・製本――ディグ

ISBN978-4-8010-0149-7